Bulle-und-Bär-Strategie

Bulle-und-Bär Strategie

Die Börse Ist Keine Einbahnstraße!

Von

Dirk Engler

Bulle-und-Bär-Strategie

Dirk Engler
Mühlendamm 24
48485 Neuenkirchen

1.Auflage Dezember 2024

© Copyright 2024 von Dirk Engler - Alle Rechte vorbehalten.

Verlag: BoD · Books on Demand GmbH

In de Tarpen 42

22848 Norderstedt

Druck: Libri Plureos GmbH

Friedensallee 273

22763 Hamburg

Trotz gewissenhafter Recherche übernimmt der Autor keine Haftung für die Richtigkeit der gemachten Angaben. Bei Fragen, Kritik oder Anregungen können Sie sich gerne an folgende E-Mail-Adresse wenden:

info@bulle-und-baer-strategie.com

ISBN: 978-3-7693-2181-4

Risikohinweis

Der Handel mit Contracts for Difference (CFDs) ist hochspekulativ und birgt erhebliche finanzielle Risiken. CFDs sind komplexe Finanzinstrumente, die auf Hebelwirkung basieren und zu Verlusten führen können, die Ihre ursprüngliche Einlage übersteigen. Diese Art von Finanzinstrumenten ist nicht für alle Anleger geeignet. Der Autor weist ausdrücklich darauf hin, dass es wichtig ist, die Funktionsweise von CFDs sowie die damit verbundenen Risiken vollständig zu verstehen, bevor Sie eine Handelsentscheidung treffen.

Die im vorliegenden Buch bereitgestellten Informationen dienen ausschließlich zu Bildungs- und Informationszwecken und stellen weder eine Finanzberatung noch eine Aufforderung zum Handel mit CFDs dar. Der Autor übernimmt keine Gewähr für die Vollständigkeit, Aktualität oder Richtigkeit der bereitgestellten Informationen. Anleger sollten eigenständig eine gründliche Prüfung durchführen und gegebenenfalls unabhängigen fachlichen Rat von einem qualifizierten Finanzberater einholen, bevor sie finanzielle Entscheidungen treffen.

Jegliche Haftung des Autors für Verluste oder Schäden, die direkt oder indirekt aus der Nutzung der im Buch enthaltenen Informationen resultieren, wird ausdrücklich ausgeschlossen.

Inhaltsverzeichnis

- **Einrichtung der Vier-Fenster-Ansicht in MetaTrader 5:** Schritt-für-Schritt-Anleitung
- **Einteilung der einzelnen Fenster.**
- **Risikomanagement:** Marge, Volumen und Bankrollmanagement.
- **Beispiel einer Schritt-für-Schritt-Anwendung der Strategie.**

5.Psychologie des Tradens

- **Die Rolle der Emotionen im Trading.**
- **Kontrollierte Emotionen:** Wie man Disziplin bewahrt.
- **Häufige psychologische Fehler vermeiden.**
- **Mentale Stärke aufbauen.**
- **Fazit:** Psychologie als Schlüssel zum Erfolg.

6.Steuerliche und rechtliche Überlegungen zu CFDs

- **Steuerliche Behandlung von CFDs in Deutschland.**
- **Rechtliche Aspekte.**
- **Tipps für Trader.**

7.Abschluss und Zukunftsperspektiven

- **Zusammenfassung der Strategie.**
- **Bedeutung von Weiterbildung.**
- **Potenziale des CFD-Handels und die Zukunft des S&P 500.**
- **Abschließende Worte**

1.Einleitung

1.1. Warum Finanzen und Investitionen?

Die Finanzwelt spielt eine zentrale Rolle in unserem Leben, oft ohne dass wir uns dessen bewusst sind. Die Fähigkeit, Geld richtig zu verwalten, kann nicht nur den individuellen Wohlstand fördern, sondern auch langfristige Sicherheit bieten und persönliche Träume ermöglichen. Aber warum ist das Thema Finanzen so entscheidend? Und warum investieren Menschen überhaupt?

Für viele Menschen sind Finanzen ein Mittel, um Kontrolle über das eigene Leben zu gewinnen. Geld kann Freiheit bedeuten – die Freiheit, Entscheidungen zu treffen, ohne finanzielle Zwänge, und die Möglichkeit, auf unerwartete Lebenssituationen vorbereitet zu sein. Investitionen gehen dabei einen Schritt weiter: Sie sind die aktive Entscheidung, das Geld für sich arbeiten zu lassen, anstatt es passiv zu halten.

Ein Blick auf den langfristigen Wert des Investierens

Langfristige Investitionen, wie sie durch einen Index wie den S&P 500 ermöglicht werden, zeigen das Potenzial, ein Vermögen über die Zeit aufzubauen. Der S&P 500 beispielsweise hat historisch betrachtet eine durchschnittliche jährliche Rendite von etwa 10% erwirtschaftet. Diese Zahl mag unscheinbar wirken, aber durch den Effekt des Zinseszinses kann sie über Jahre hinweg erstaunliche Ergebnisse erzielen. Das bedeutet, dass es möglich ist, durch gezielte Anlageentscheidungen Vermögen aufzubauen, das weit über dem ursprünglichen Einsatz liegt.

Die Motivation zum Schreiben dieses Buches

Dieses Buch ist entstanden, um dir nicht nur die Grundlagen und Mechanismen des Finanzwesens und des Investierens näherzubringen, sondern auch, um dir eine konkrete Strategie zu präsentieren, die sich bewährt hat. Viele Anlagestrategien sind theoretisch fundiert, doch fehlen oft die praktischen Einblicke und die echte Nachvollziehbarkeit, die Neulingen und auch erfahrenen Anlegern dabei helfen können, langfristig erfolgreich zu sein. Die hier vorgestellte Methode zielt darauf ab, auch ohne komplizierte Finanztheorien und kurzfristiges Risikomanagement stabile Ergebnisse zu erzielen.

Die Welt der Finanzen als Werkzeug für die Zukunft

Investieren ist letztlich nicht nur eine finanzielle Entscheidung, sondern ein Mittel, seine eigene Zukunft aktiv zu gestalten. In einer Welt, die immer dynamischer und komplexer wird, ist ein Grundverständnis über Finanzen und die Fähigkeit, fundierte Investitionsentscheidungen zu treffen, wertvoller denn je. Ziel ist es, dich zu befähigen, selbstständig und informiert zu investieren und den S&P 500 als Werkzeug zu nutzen, um deine persönlichen und finanziellen Ziele zu erreichen.

1.2 Vorstellung des S&P 500: Historische Entwicklung, Bedeutung und Einfluss

Der S&P 500, ein Index der 500 größten börsennotierten Unternehmen in den USA, ist einer der am häufigsten verwendeten Indizes zur Bewertung der Gesamtentwicklung der US-Wirtschaft und des Aktienmarktes. Ursprünglich 1957 von der Ratingagentur Standard & Poor's ins Leben gerufen, hat er sich seitdem als Benchmark etabliert und wird sowohl von institutionellen als auch privaten Investoren weltweit beachtet (siehe Abbildung 1).

Die Geschichte des S&P 500

Anfangs enthielt der Index lediglich 90 Unternehmen, doch die Erweiterung auf 500 Unternehmen bot ein umfassenderes Abbild der US-Wirtschaft. Über die Jahrzehnte hinweg spiegelte der S&P 500 die großen wirtschaftlichen Veränderungen wider – von den Boomphasen in den 80ern und 90ern über die Dotcom-Blase in den 2000ern bis hin zur Finanzkrise 2008 und der Erholung danach (siehe Abbildung 2).

Der S&P 500 heute

Heute deckt der S&P 500 etwa 80% der US-Marktkapitalisierung ab und ist ein verlässlicher Indikator für die wirtschaftliche Stimmung in den USA. Der Index umfasst die größten Unternehmen aus verschiedenen Branchen wie Technologie, Gesundheitswesen, Finanzwesen, Industrie und Konsumgüter, was ihn so diversifiziert und stabil macht. Ein Investment in den S&P 500 bedeutet also, indirekt in die 500 wichtigsten Unternehmen der USA zu investieren – eine breit aufgestellte und gut diversifizierte Methode (siehe Abbildung 3).

Die Bedeutung und der Einfluss des S&P 500

Viele Anleger weltweit orientieren sich am S&P 500, weil er als „maßgebliches Barometer" für den Aktienmarkt gilt. Neben dem rein finanziellen Aspekt hat der S&P 500 auch eine kulturelle Bedeutung erlangt. Er spiegelt die Innovationskraft und die wirtschaftliche Dynamik der USA wider und ist ein Symbol für das Wachstumspotenzial, das mit Investitionen in amerikanische Unternehmen verbunden ist.

Abbildung 1

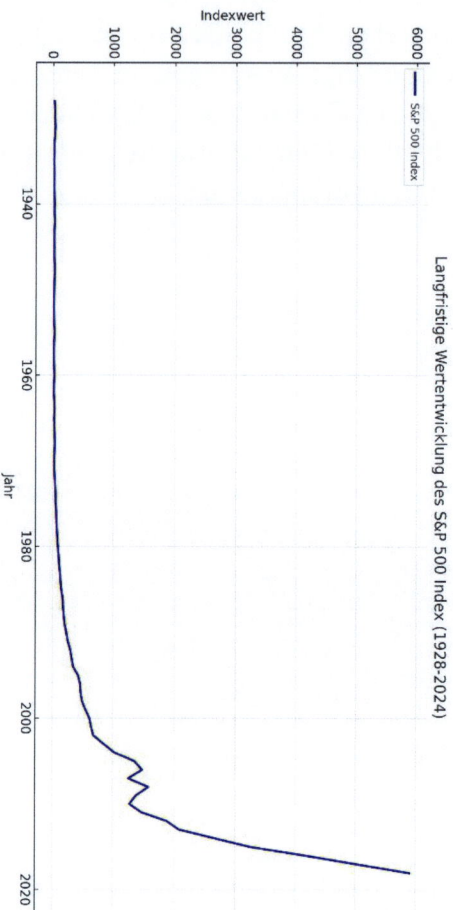

Langfristige Wertentwicklung des S&P 500 Index (1928-2024)

Abbildung 2

Jahr	Ereignis	Beschreibung
1923	Einführung des Vorläufers des S&P 500	Ein Börsenindex mit 233 Unternehmen wurde von Standard Statistics entwickelt.
1957	Erweiterung und Einführung als S&P 500	Der Index wurde auf 500 Unternehmen erweitert, um ein breiteres Bild der US-Wirtschaft zu bieten.
1980er	Boomphasen der Wirtschaft	Die Reaganomics und technologische Innovationen führten zu starken Kursanstiegen.
2000	Dotcom-Blase	Überbewertung von Technologieunternehmen führte zu einem massiven Einbruch des Marktes.
2008	Finanzkrise	Die globale Bankenkrise ließ den S&P 500 um mehr als 50 % fallen.
2009– 2020	Erholung und Aufschwung	Der Markt erlebte einen der längsten Bullenmärkte in der Geschichte.
2020	COVID-19-Pandemie	Der Index stürzte in den ersten Monaten der Pandemie stark ab, erholte sich jedoch bemerkenswert.
2021– heute	Volatilität durch Inflation und geopolitische Spannungen	Starke Schwankungen aufgrund von Inflationssorgen und globalen Ereignissen wie dem Ukraine-Krieg.

Abbildung 3

Jahr	Industrie (%)	Finanzwesen (%)	Konsumgüter (%)	Technologie (%)	Gesundheitswesen (%)	Andere (%)
1930	60	15	10	5	10	0
1940	55	20	10	5	10	0
1950	50	22	12	8	8	0
1960	45	25	15	10	5	0
1970	40	30	15	10	5	0
1980	35	25	20	15	5	0
1990	30	20	25	20	5	0
2000	25	15	25	25	10	0
2010	20	15	20	30	15	0
2020	15	20	20	35	10	0

1.3 Ziel des Buches und Nutzen für den Leser

Dieses Buch verfolgt das Ziel, den Leser schrittweise in die Welt der Investitionen einzuführen und ihm eine praktische Strategie zu vermitteln, um das Potenzial des S&P 500 optimal zu nutzen. Investieren ist ein Weg, um Vermögen aufzubauen und finanzielle Freiheit zu erreichen. Viele Anleger, insbesondere Einsteiger, fühlen sich jedoch oft durch die Komplexität des Aktienmarkts abgeschreckt. Dieses Buch soll genau hier ansetzen und sowohl fundiertes Wissen als auch klare Anleitungen bieten.

Ein Leitfaden zur strategischen Investition

Die hier vorgestellte Strategie basiert auf persönlichen Erfahrungen und langjähriger Beobachtung des Marktes. Sie wurde entwickelt, um es Anlegern zu ermöglichen, auf verständliche Weise und ohne übermäßigen Zeitaufwand in den S&P 500 zu investieren. Ziel ist es, mit einfachen Prinzipien und klarem Risikomanagement langfristig am Markt erfolgreich zu sein. Der Ansatz des Buches richtet sich an alle, die solide Renditen erzielen wollen, ohne täglich die Märkte analysieren zu müssen.

Für wen ist dieses Buch geeignet?

Dieses Buch ist für alle gedacht, die bereit sind, Verantwortung für ihre finanzielle Zukunft zu übernehmen. Die Inhalte sind dabei so aufgebaut, dass sie sowohl Einsteiger als auch erfahrenere Anleger abholen. Für Anfänger bietet es wertvolle Grundlagen, während erfahrene Investoren von den spezifischen Strategien und Einblicken profitieren können.

Was der Leser erwartet.

Leser werden nach dem Lesen dieses Buches in der Lage sein:

- Grundlegende Konzepte der Finanzwelt und des Investierens zu verstehen.
- Ein grundlegendes Verständnis des S&P 500 und seiner Rolle im Markt zu entwickeln.
- Eine erprobte Strategie für Investitionen in den S&P 500 eigenständig anzuwenden.
- Psychologische und praktische Herausforderungen im Investmentprozess zu meistern.
- Ihre eigene finanzielle Strategie mit klarem Fokus und festen Zielen zu gestalten.

Die Motivation hinter diesem Buch

Es gibt zahlreiche Anlagemethoden und Strategien, aber wenige davon werden in verständlicher und nachvollziehbarer Weise erklärt. Dieses Buch soll eine Lücke schließen und zeigt, dass erfolgreiche Investitionen keine komplizierten Finanztheorien oder ständige Marktüberwachung erfordern. Die vorgestellte Strategie ist für den langfristigen Erfolg gedacht und basiert auf bewährten Prinzipien, die mit minimalem Aufwand maximale Wirkung erzielen können.

Am Ende des Buches werden Leser nicht nur verstehen, wie sie durch Investitionen im S&P 500 ihr Vermögen aufbauen können, sondern auch die Fähigkeit erlangen, fundierte Entscheidungen zu treffen und so ihre finanzielle Zukunft aktiv und mit Vertrauen zu gestalten.

2.Grundlagen des Investierens

2.1 Wichtige Finanzkonzepte: Risiko, Rendite, Diversifikation und Marktzyklen

Bevor wir tiefer in die Welt der Investitionen und den S&P 500 eintauchen, ist es wichtig, grundlegende Finanzkonzepte zu verstehen, die jedem Anleger begegnen. Die Begriffe **Risiko, Rendite**, **Diversifikation** und **Marktzyklen** sind entscheidend für erfolgreiche Investitionen, da sie die Grundpfeiler jeder Anlagestrategie bilden.

Risiko und Rendite: Die zwei Seiten der Medaille

Rendite bezieht sich auf den Gewinn, den eine Anlage im Laufe der Zeit erwirtschaftet. Investoren streben eine möglichst hohe Rendite an, aber diese kommt oft nicht ohne Risiko. **Risiko** beschreibt die Möglichkeit, dass der Wert einer Anlage sinkt oder Verluste entstehen. Es ist wichtig zu verstehen, dass höhere Renditechancen in der Regel mit höheren Risiken verbunden sind.

Ein Beispiel: Langfristig hat der S&P 500 eine durchschnittliche jährliche Rendite von rund 10 % erzielt, was ihn attraktiv erscheinen lässt. Doch diese Rendite ist mit gewissen Schwankungen verbunden, die von Jahr zu Jahr variieren. Es kann Jahre geben, in denen der Markt zweistellige Verluste verzeichnet. Zu wissen, dass Risiko und Rendite Hand in Hand gehen, ist entscheidend, um eine erfolgreiche und realistische Anlagestrategie zu verfolgen.

Diversifikation: Das Geheimnis der Risikoreduzierung

Diversifikation bedeutet, das Kapital auf verschiedene Anlageformen oder -kategorien zu verteilen, um das Risiko zu minimieren. Durch die Streuung des Kapitals auf verschiedene Wertpapiere oder Sektoren sinkt das Risiko, dass Verluste eines einzelnen Investments das gesamte Portfolio stark beeinträchtigen.

Im Kontext des S&P 500 profitieren Investoren bereits von einer gewissen Diversifikation, da der Index 500 große Unternehmen aus unterschiedlichen Branchen abbildet. Diese Diversifikation kann durch zusätzliche Investitionen in andere Anlageklassen, wie Anleihen oder Rohstoffe, weiter verstärkt werden, um das Portfolio noch widerstandsfähiger zu machen.

Marktzyklen: Auf und Ab des Marktes verstehen

Finanzmärkte durchlaufen **Zyklen**, die als Bullen- und Bärenmärkte bekannt sind. Ein **Bullenmarkt** ist eine Phase steigender Kurse, in der Anleger optimistisch sind und mehr investieren. Ein **Bärenmarkt** hingegen beschreibt eine Phase sinkender Kurse, oft begleitet von Unsicherheit und Angst.

Zu wissen, dass diese Marktzyklen normal sind und sich historisch immer wiederholen, kann Anlegern helfen, in Krisenzeiten ruhig zu bleiben und sich auf langfristige Ziele zu konzentrieren. Der S&P 500 hat in der Vergangenheit Krisen wie die Dotcom-Blase und die Finanzkrise 2008 erlebt, sich aber jedes Mal wieder erholt und neue Höchststände erreicht. Dies zeigt, dass Geduld und langfristiges Denken für den Erfolg entscheidend sind.

Zusammenfassung

Ein klares Verständnis von Risiko, Rendite, Diversifikation und Marktzyklen ist die Basis jeder erfolgreichen Investitionsstrategie. Anleger, die diese Konzepte verinnerlichen, können fundierte Entscheidungen treffen und ihre Chancen auf langfristigen Erfolg maximieren. Diese Grundprinzipien sind der Kompass, der dich sicher durch die oft turbulenten Gewässer des Aktienmarkts führt.

2.2 Warum in Aktien investieren?

Aktien sind eine der populärsten Anlageformen und bieten im Vergleich zu anderen Anlageklassen oft eine besonders hohe Renditechance. Doch was macht Aktien so attraktiv, und warum investieren so viele Menschen langfristig in den Aktienmarkt? In diesem Abschnitt beleuchten wir die Vorteile des Aktieninvestments sowie die Risiken, die es zu berücksichtigen gilt.

Die Bedeutung von Aktien als Anlageform

Aktien stellen Anteile an Unternehmen dar, und der Besitz von Aktien bedeutet, dass man Miteigentümer dieser Unternehmen ist. Wenn ein Unternehmen wächst und Gewinne erzielt, steigt auch der Wert seiner Aktien. Zusätzlich schütten viele Unternehmen Dividenden aus, wodurch Aktionäre am Erfolg des Unternehmens teilhaben. Diese Kombination aus

Kursgewinnen und Dividendenerträgen macht Aktien zu einer besonders attraktiven Anlageform, die sowohl Wachstum als auch regelmäßige Erträge bieten kann.

Historisch hohe Renditen

Langfristig betrachtet haben Aktien eine deutlich höhere durchschnittliche Rendite erzielt als andere Anlageformen wie Anleihen oder Sparanlagen. Der S&P 500 beispielsweise hat über die letzten Jahrzehnte eine durchschnittliche Rendite von etwa 10 % pro Jahr erreicht, was ihn zu einer hervorragenden Wahl für langfristige Investoren macht.

Ein Beispiel: Wer in den S&P 500 investiert und langfristig dabei bleibt, konnte von verschiedenen Boom-Phasen profitieren. Historisch betrachtet zeigt der Markt, dass er sich nach Krisen erholt und sogar neue Höchststände erreicht. Diese Erholung nach Krisen ist einer der Gründe, warum viele Investoren trotz kurzfristiger Marktschwankungen Aktien bevorzugen.

Vor- und Nachteile von Aktien im Vergleich zu anderen Anlageklassen

Anlageklasse	Vorteile	Nachteile
Aktien	Hohe potenzielle Renditen, Dividenden, Inflationsschutz	Hohe Volatilität, Verlustrisiko
Anleihen	Stabilere Erträge, regelmäßige Zinsen	Geringere Renditen, anfälliger bei steigenden Zinsen
Immobilien	Potenzielle Wertsteigerung, laufende Mieteinnahmen	Hoher Kapitaleinsatz, Immobilitätsrisiko
Sparanlagen	Hohe Sicherheit, einfache Liquidität	Sehr niedrige Renditen, kaum Inflationsausgleich

Aktien bieten also im Vergleich eine besonders gute Möglichkeit, langfristig Vermögen aufzubauen, verlangen jedoch eine höhere Toleranz für Schwankungen. Anleger, die bereit sind, auf kurzfristige Kursbewegungen nicht emotional zu reagieren und langfristig investiert zu bleiben, können besonders gut von der Wertentwicklung profitieren.

Warum der S&P 500 besonders attraktiv ist

Der S&P 500 ist ein bewährter Index, der sich als hervorragendes Instrument für den langfristigen Vermögensaufbau etabliert hat. Er bietet eine breite Diversifikation durch die Top-500-Unternehmen der USA, was ihn relativ stabil macht. Gleichzeitig ist der S&P 500 eine einfache und transparente Möglichkeit, in den US-Aktienmarkt zu investieren und von dessen langfristigem Wachstum zu profitieren. Der Zugang ist durch kostengünstige ETFs oder Indexfonds auch für Privatanleger sehr einfach, was ihn besonders beliebt macht.

Fazit: Aktien als Schlüssel zum langfristigen Vermögensaufbau

Aktien sind eine der effizientesten Methoden, um langfristig Vermögen aufzubauen und finanzielle Ziele zu erreichen. Auch wenn das Risiko höher sein kann, bieten Aktien und speziell der S&P 500 eine überzeugende Möglichkeit, am wirtschaftlichen Erfolg großer Unternehmen teilzuhaben. Ein gut durchdachtes Aktieninvestment ist also eine sinnvolle Ergänzung für jedes Anlageportfolio, insbesondere für Anleger, die langfristig denken und einen Vermögenszuwachs anstreben.

2.3 Der S&P 500 als Anlageinstrument: Wie funktioniert er, und warum ist er so populär?

Der S&P 500 ist einer der weltweit bekanntesten und meistgenutzten Aktienindizes und gilt als zuverlässiges Barometer für die Gesundheit der US-Wirtschaft. Doch was macht diesen Index so besonders und warum ist er eine der ersten Wahl für Investoren, die langfristig Vermögen aufbauen möchten? In diesem Abschnitt werfen wir einen detaillierten Blick auf den S&P 500 und seine Vorteile als Anlageinstrument.

Die Zusammensetzung und Funktionsweise des S&P 500

Der S&P 500, abgekürzt für "Standard & Poor's 500," repräsentiert die 500 größten börsennotierten Unternehmen in den USA, gemessen an ihrer Marktkapitalisierung. Diese Unternehmen decken eine Vielzahl von Branchen ab – von Technologie über Gesundheit bis hin zu Finanzdienstleistungen – und bieten somit eine breite Abbildung der US-Wirtschaft.

Die Gewichtung der einzelnen Unternehmen im Index erfolgt auf Basis ihrer Marktkapitalisierung, was bedeutet, dass größere Unternehmen wie Apple, Microsoft und Amazon einen größeren Einfluss auf den Index haben als kleinere Unternehmen. Die Auswahl und Zusammensetzung der 500 Unternehmen wird regelmäßig überprüft und angepasst, um sicherzustellen, dass der Index aktuell bleibt und die wichtigsten Unternehmen des Landes repräsentiert.

1. **Diversifikation:** Mit einem einzigen Investment in den S&P 500 erhalten Anleger automatisch eine Beteiligung an 500 der größten US-Unternehmen. Das bietet eine ausgezeichnete Diversifikation, die das Risiko minimiert, das sonst mit der Investition in nur ein einzelnes Unternehmen verbunden wäre.

2. **Langfristige Stabilität und Wachstum:** Der S&P 500 hat in der Vergangenheit eine durchschnittliche jährliche Rendite von etwa 10 % erzielt und zeigt damit, dass er über lange Zeiträume hinweg zu Wachstum tendiert. Trotz wirtschaftlicher Krisen und kurzfristiger Schwankungen hat sich der Index stets erholt und sogar neue Höchststände erreicht. Dies macht ihn zu einem besonders verlässlichen Instrument für langfristige Investitionen.

3. **Transparenz und Verfügbarkeit:** Der S&P 500 ist leicht zugänglich, insbesondere durch börsengehandelte Fonds (ETFs), die den Index nachbilden und eine einfache und kostengünstige Möglichkeit bieten, in den gesamten Index zu investieren. Diese ETFs sind transparent und erlauben Anlegern jederzeit Einblicke in die Zusammensetzung und Wertentwicklung ihres Investments.

4. **Passives Investment mit geringen Kosten:** Für Anleger, die passiv investieren möchten, ist der S&P 500

eine ideale Wahl. Die Nachbildung des Index erfordert keinen aktiven Handelsansatz, was die Kosten gering hält. Die Verwaltungsgebühren von ETFs auf den S&P 500 sind im Vergleich zu aktiv gemanagten Fonds sehr niedrig, was über die Jahre hinweg eine erhebliche Kostenersparnis bedeutet.

Sektoren im S&P 500: Eine ausgewogene Mischung

Der S&P 500 umfasst Unternehmen aus 11 verschiedenen Branchen, darunter Informationstechnologie, Gesundheit, Finanzen, Konsumgüter, und Industriegüter. Diese sektorenübergreifende Struktur bietet Investoren eine breite Streuung und damit Schutz vor Schwankungen in einzelnen Branchen. Zum Beispiel könnte die Performance des Gesundheitssektors in Krisenzeiten stabil bleiben, selbst wenn zyklische Branchen wie der Einzelhandel Verluste verzeichnen.

Die Branchenaufteilung bedeutet auch, dass der Index die Dynamik der US-Wirtschaft realistisch widerspiegelt. Ein Anleger, der in den S&P 500 investiert, profitiert somit vom Wachstum in den führenden Wirtschaftssektoren, ohne selbst eine spezifische Branchenanalyse durchführen zu müssen.

Warum ist der S&P 500 so populär?

Die Popularität des S&P 500 resultiert aus seiner Kombination von Einfachheit, Stabilität und Rendite. Als "Ein-Klick-Portfolio" bietet der Index einen leichten Zugang zu einem großen und breit diversifizierten Marktsegment. Gleichzeitig hat er durch seine robuste historische Performance das Vertrauen von Millionen Anlegern weltweit gewonnen.

Da der S&P 500 den Großteil der US-Wirtschaft widerspiegelt und sich die USA als einer der bedeutendsten Finanzmärkte der Welt etabliert haben, nutzen viele Investoren den Index als Basisinvestment oder als Referenz für ihre eigene Anlagestrategie. Zudem machen die geringe Kostenstruktur und die einfache Zugänglichkeit ihn besonders attraktiv für alle, die langfristig investieren und am Wirtschaftswachstum teilhaben wollen.

Fazit: Der S&P 500 als Kerninvestment für den langfristigen Vermögensaufbau

Der S&P 500 ist weit mehr als nur ein Aktienindex – er ist ein bewährtes Instrument für den Vermögensaufbau. Für Anleger, die sich langfristige Ziele setzen und dabei auf ein stabiles und diversifiziertes Investment setzen wollen, bietet der S&P 500 eine ausgezeichnete Möglichkeit, systematisch am Wachstum der US-Wirtschaft teilzuhaben. Durch die Investition in einen S&P 500 ETF können Anleger vom gesamten US-Aktienmarkt profitieren, ohne sich auf die Analyse einzelner Unternehmen konzentrieren zu müssen.

3.Marktanalyse und Strategien

3.1 Überblick über Anlagestrategien

Bevor wir uns spezifisch mit einer S&P 500-Strategie befassen, ist es hilfreich, einen Überblick über die verschiedenen Anlagestrategien zu erhalten, die Investoren zur Verfügung stehen. Jede Strategie bietet eigene Chancen und Herausforderungen, und die Wahl der richtigen Strategie hängt von den individuellen Zielen, der Risikobereitschaft und dem Anlagehorizont des Anlegers ab. Im Folgenden werden die gängigsten Anlagestrategien kurz vorgestellt.

1.Buy-and-Hold-Strategie

Die Buy-and-Hold-Strategie ist besonders beliebt unter langfristig orientierten Anlegern. Sie basiert auf der Annahme, dass Aktienmärkte langfristig tendenziell steigen, auch wenn es kurzfristig zu Schwankungen und Krisen kommen kann. Anleger kaufen hier Aktien (oder ETFs wie den S&P 500) und halten diese langfristig im Portfolio, ohne auf kurzfristige Marktbewegungen zu reagieren. Ziel ist es, vom langfristigen Wachstum des Marktes zu profitieren.

Vorteile:
- Niedrige Transaktionskosten, da selten gehandelt wird.
- Nutzung des Zinseszinseffekts durch langfristiges Wachstum.

Nachteile:
- Keine aktiven Eingriffsmöglichkeiten bei Marktrückgängen.
- Emotionale Disziplin erforderlich, um bei Marktschwankungen ruhig zu bleiben.

2. Value-Investing

Beim Value-Investing suchen Anleger nach unterbewerteten Aktien, die aktuell günstig bewertet sind, aber langfristig Potenzial haben. Die Strategie, die durch Investoren wie Warren Buffett populär wurde, setzt darauf, den inneren Wert eines Unternehmens zu ermitteln und dann zu investieren, wenn der Aktienkurs unter diesem Wert liegt.

Vorteile:
- Möglichkeit, Qualitätsunternehmen zu günstigen Preisen zu erwerben.
- Potenzial für überdurchschnittliche Renditen, wenn der Markt den Wert erkennt.

Nachteile:
- Erfordert intensive Recherche und Analyse.
- Gefahr, in "Value Traps" zu investieren, also Aktien, die dauerhaft unterbewertet bleiben.

3. Growth-Investing

Growth-Investing fokussiert sich auf Unternehmen mit starkem Wachstumspotenzial, oft in innovativen oder schnell wachsenden Branchen wie Technologie. Diese Unternehmen reinvestieren häufig ihre Gewinne, um weiter zu wachsen, und schütten meist keine oder geringe Dividenden aus.

Vorteile:
- Potenzial für hohe Renditen, da Wachstumsunternehmen oft stark im Wert steigen.
- Möglichkeit, früh in aufstrebende Branchen zu investieren.

Nachteile:

- Hohe Volatilität und höheres Risiko, da Wachstum oft durch hohe Bewertungen eingepreist ist.
- Unternehmen können in Schwierigkeiten geraten, wenn sie die Wachstumserwartungen nicht erfüllen.

4. Dividendenstrategie

Diese Strategie konzentriert sich auf Unternehmen, die regelmäßige und hohe Dividenden ausschütten. Dividendenaktien bieten neben Kurssteigerungen einen stetigen Ertragsstrom, der besonders für einkommensorientierte Anleger attraktiv ist.

Vorteile:

- Regelmäßige Einnahmen durch Dividenden.
- Stabilere Kursentwicklungen, da Dividendenaktien oft defensiver sind.

Nachteile:

- Potenziell niedrigere Kurssteigerungen im Vergleich zu Wachstumsunternehmen.
- Erfordert eine genaue Auswahl, um "Dividendenfallen" zu vermeiden.

5. Indexierung und passives Investieren

Eine Strategie, die besonders durch ETFs wie den S&P 500 populär wurde, ist das passive Investieren. Anleger kaufen einen Indexfonds, der die Performance eines bestimmten Marktindex nachbildet, und lassen ihn über Jahre hinweg im Portfolio, ohne aktive Anpassungen vorzunehmen. Ziel ist es, den breiten Markt und sein Wachstum zu nutzen.

Vorteile:

- Niedrige Kosten und breite Diversifikation.
- Keine Notwendigkeit zur aktiven Marktbeobachtung.

Nachteile:

- Keine Überrendite gegenüber dem Markt, da der Index lediglich nachgebildet wird.
- Anleger sind vollständig den Marktschwankungen ausgesetzt.

6. Dollar-Cost Averaging (DCA)

Beim Dollar-Cost Averaging wird regelmäßig eine feste Summe investiert, unabhängig vom aktuellen Kursniveau. Dies führt dazu, dass bei niedrigen Kursen mehr Anteile und bei hohen Kursen weniger Anteile gekauft werden, was langfristig zu einer Glättung der Kaufkosten führt.

Vorteile:

- Reduzierte Auswirkungen von Marktschwankungen auf den Kaufpreis.
- Erfordert keine Markt-Timing-Entscheidungen.

Nachteile:

- Keine Garantie für bessere Renditen, sondern nur für geglättete Kaufkosten.
- Geeignet für Anleger mit langfristigem Anlagehorizont und stabilen Einzahlungen.

3.2 Markttiming versus langfristige Investitionen

In der Investmentwelt stehen sich zwei Hauptansätze oft gegenüber: **Markttiming** und **langfristige Investitionen**. Während einige Anleger versuchen, den besten Zeitpunkt für Kauf und Verkauf zu finden, um kurzfristig von Marktbewegungen zu profitieren, setzen andere auf eine **konsequente, langfristige Strategie**, die sich auf das kontinuierliche Wachstum des Marktes verlässt. In diesem Abschnitt untersuchen wir die Vor- und Nachteile beider Ansätze und beleuchten, warum der langfristige Ansatz, besonders in Bezug auf den S&P 500, für die meisten Privatanleger oft die sinnvollere Wahl ist.

Was ist Markttiming?

Markttiming bedeutet, dass ein Investor versucht, durch gezielte Käufe und Verkäufe zu günstigen Zeitpunkten die Rendite zu maximieren. Die Idee ist, niedrige Kurse zu nutzen, um günstig einzukaufen, und bei hohen Kursen zu verkaufen, um Gewinne zu realisieren. Viele Anleger sind von der Vorstellung verlockt, die Marktentwicklung „vorhersehen" zu können, doch in der Praxis erweist sich dies als sehr schwierig und risikoreich.

Herausforderungen und Risiken beim Markttiming:

1. **Schwierig zu prognostizieren:** Studien zeigen, dass selbst erfahrene Investoren, Analysten und Fondsmanager oft Schwierigkeiten haben, Markthochs und -tiefs zuverlässig vorherzusagen. Da die Märkte auf eine Vielzahl von Faktoren reagieren, darunter Wirtschaftsdaten, geopolitische Ereignisse

und Marktsentiment, sind präzise Vorhersagen selten möglich.

2. **Gefahr von verpassten Chancen:** Viele der größten Markterträge werden in relativ kurzen Zeiträumen erzielt. Anleger, die auf den „perfekten Zeitpunkt" warten, riskieren, genau diese Gewinnphasen zu verpassen. Eine Studie des S&P 500 zeigt, dass das Verpassen von nur wenigen der besten Markttage im Jahr erhebliche Auswirkungen auf die Gesamtrendite haben kann.

3. **Hohe Transaktionskosten:** Häufige Käufe und Verkäufe erhöhen die Transaktionskosten erheblich, was auf Dauer die Rendite mindert.

Die Vorteile langfristiger Investitionen

Im Gegensatz zum Markttiming basiert die langfristige Investition darauf, kontinuierlich investiert zu bleiben und den Markt über Jahre hinweg zu beobachten, ohne auf kurzfristige Schwankungen zu reagieren. Der S&P 500 ist für diesen Ansatz besonders geeignet, da er langfristig betrachtet eine solide Wachstumsrate zeigt.

Vorteile des langfristigen Ansatzes:

1. **Konstantes Wachstum über Zeiträume hinweg:** Historische Daten zeigen, dass der S&P 500 über Jahrzehnte hinweg einen positiven Wachstumstrend verzeichnet hat. Auch wenn der Markt zwischenzeitlich Einbrüche erleidet, tendiert er

langfristig zum Wachstum, was die Schwankungen ausgleicht.

2. **Der Zinseszinseffekt:** Durch langfristiges Investieren und das Reinvestieren der Erträge kann der Zinseszinseffekt seine volle Wirkung entfalten. Dies ermöglicht es, aus kontinuierlichen Erträgen auf Kapital eine signifikante Vermögenssteigerung zu erreichen.

3. **Geringeres emotionales Risiko:** Wer langfristig investiert, muss sich weniger um kurzfristige Marktschwankungen kümmern und kann emotional gelassener bleiben. Emotionen sind einer der größten Stolpersteine beim Investieren, da sie oft zu impulsiven Entscheidungen führen.

Ein Vergleich: Markttiming vs. Buy-and-Hold-Ansatz im S&P 500

Ein praktisches Beispiel verdeutlicht die Unterschiede:

Angenommen, ein Anleger hätte in den letzten 30 Jahren versucht, durch Markttiming bessere Renditen zu erzielen, indem er den S&P 500 nur an „günstigen" Zeitpunkten gekauft und an „ungünstigen" Zeitpunkten verkauft hätte. Wenn er dabei nur die 10 besten Tage des Marktes verpasst hätte, wäre seine Rendite erheblich geringer ausgefallen als die eines Buy-and-Hold-Investors, der konsequent investiert blieb. Tatsächlich zeigen Studien, dass ein langfristiger Investor im S&P 500, der einfach durchgängig investiert blieb, trotz Marktschwankungen oft deutlich höhere Erträge erzielte als einer, der aktiv versuchte, die besten Zeiten zu timen.

Fazit: Warum langfristige Investitionen oft erfolgreicher sind

Obwohl Markttiming auf den ersten Blick verlockend erscheint, zeigt sich in der Praxis, dass der langfristige Ansatz nicht nur einfacher, sondern auch oft erfolgreicher ist. Anstatt ständig Entscheidungen über Kauf und Verkauf zu treffen, ermöglicht der Buy-and-Hold-Ansatz Anlegern, ruhig und gelassen zu bleiben und auf das natürliche Wachstum des Marktes zu vertrauen. Der S&P 500 hat gezeigt, dass er langfristig das Potenzial bietet, stabile und kontinuierliche Renditen zu liefern, ohne dass ein Anleger ständig die Märkte beobachten muss.

3.3 Fundamentalanalyse des S&P 500 und seiner Sektoren

Die Fundamentalanalyse ist ein essenzielles Werkzeug für Investoren, die die langfristigen Wachstumspotenziale und Risiken eines Investments bewerten möchten. Für den S&P 500 bedeutet dies, sowohl den Index als Ganzes als auch seine einzelnen Sektoren zu analysieren, um ein besseres Verständnis über deren jeweilige Wachstumstreiber und Herausforderungen zu erhalten. In diesem Abschnitt werden die Grundlagen der Fundamentalanalyse erläutert und auf die spezifischen Sektoren des S&P 500 angewandt.

Grundlagen der Fundamentalanalyse im S&P 500

Die Fundamentalanalyse untersucht die finanziellen und operativen Kennzahlen eines Unternehmens oder, im Fall des S&P 500, die aggregierten Kennzahlen seiner Mitgliedsunternehmen. Ziel ist es, den inneren Wert des Index zu ermitteln, also den Wert, der die zukünftigen Ertragschancen und Risiken des Marktes widerspiegelt. Die wesentlichen Kennzahlen und Kriterien für die Fundamentalanalyse umfassen:

1. **Kurs-Gewinn-Verhältnis (KGV):** Das KGV zeigt, wie viel Anleger bereit sind, pro Dollar Gewinn eines Unternehmens oder eines Index zu zahlen. Ein hohes KGV deutet oft auf hohe Erwartungen an zukünftiges Wachstum hin, während ein niedriges KGV auf potenzielle Unterbewertung oder geringes Wachstum hindeuten kann.

2. **Dividendenrendite:** Diese Kennzahl gibt an, wie viel Dividende ein Unternehmen im Verhältnis zum Aktienkurs auszahlt. Für den S&P 500 bedeutet eine stabile oder wachsende Dividendenrendite, dass die Unternehmen im Index kontinuierliche Erträge erzielen.

3. **Gewinnwachstum:** Das Gewinnwachstum beschreibt die durchschnittliche Wachstumsrate der Unternehmensgewinne im Index. Ein kontinuierliches Gewinnwachstum spricht für die finanzielle Stabilität und Wettbewerbsfähigkeit der Unternehmen.

4. **Verschuldungsgrad:** Der Verschuldungsgrad gibt an, wie hoch der Anteil der Schulden am Eigenkapital ist. Ein hoher Verschuldungsgrad im Index kann ein Risiko darstellen, da in Zeiten

wirtschaftlicher Schwäche hohe Zinszahlungen und Kapitalverbindlichkeiten die Gewinne der Unternehmen belasten können.

Die Sektoren des S&P 500: Eine Analyse der Hauptsegmente

Der S&P 500 ist in 11 Hauptsektoren unterteilt, die jeweils spezifische Wirtschaftsbereiche abdecken. Jeder Sektor hat unterschiedliche Wachstumstreiber, Zyklizität und Risiken, und die Aufteilung in Sektoren ermöglicht eine fundierte Analyse des gesamten Index.

1. **Informationstechnologie:** Der größte Sektor im S&P 500 umfasst Unternehmen, die Software, Hardware und digitale Dienstleistungen anbieten. Diese Unternehmen profitieren von der Digitalisierung und technologischen Innovationen, sind jedoch oft höher bewertet und unterliegen starken Schwankungen aufgrund von Markttrends und Innovationen.

2. **Gesundheitswesen:** Der Gesundheitssektor beinhaltet Pharmaunternehmen, Biotechnologie und Medizintechnik. Dieser Sektor ist relativ defensiv, da die Nachfrage nach Gesundheitsprodukten und - dienstleistungen tendenziell stabil bleibt. Risiken sind unter anderem regulatorische Änderungen und der hohe Investitionsbedarf für Forschung und Entwicklung.

3. **Finanzen:** Der Finanzsektor umfasst Banken, Versicherungen und Investmentgesellschaften. Er

profitiert von wirtschaftlichem Wachstum und steigenden Zinsen, ist jedoch anfällig für Krisen und wirtschaftliche Abschwünge, die das Kreditgeschäft und die Nachfrage nach Finanzdienstleistungen belasten können.

4. **Konsumgüter (nicht-zyklisch):** Diese Unternehmen bieten Produkte des täglichen Bedarfs an, wie Lebensmittel und Haushaltswaren. Sie gelten als defensiv, da die Nachfrage auch in wirtschaftlich schwierigen Zeiten stabil bleibt. Die Wachstumsraten sind meist geringer, aber die Dividendenrenditen können attraktiv sein.

5. **Zyklische Konsumgüter:** In diesem Sektor finden sich Unternehmen, deren Produkte wie Autos, Luxusgüter und Reisen stark von der wirtschaftlichen Lage abhängen. In Phasen wirtschaftlichen Wachstums erzielen diese Unternehmen oft hohe Gewinne, während sie in Abschwüngen an Profitabilität verlieren.

6. **Industrie:** Der Industriesektor umfasst Unternehmen aus den Bereichen Bau, Maschinenbau und Transport. Er ist ebenfalls zyklisch und profitiert besonders in Phasen wirtschaftlicher Expansion. Risiken umfassen Rohstoffpreisschwankungen und geopolitische Unsicherheiten.

7. **Versorger:** Der Versorgersektor bietet essentielle Dienstleistungen wie Wasser- und Energieversorgung. Er ist relativ defensiv und stabil, bietet oft eine attraktive Dividendenrendite und

profitiert von regulatorischen Schutzmechanismen. Gleichzeitig ist das Wachstum durch die Regulierung limitiert.

8. **Kommunikation:** Dieser Sektor umfasst Telekommunikations- und Medienunternehmen. Er kombiniert defensive und wachstumsorientierte Unternehmen und profitiert von der zunehmenden Digitalisierung und Vernetzung. Hohe Investitionskosten und Innovationsdruck gehören zu den Risiken.

9. **Energie:** Unternehmen im Energiesektor profitieren von der Nachfrage nach Rohstoffen wie Öl und Gas, sind jedoch stark abhängig von Preisschwankungen. Die Gewinne sind oft volatil, und der Trend zur erneuerbaren Energie stellt Herausforderungen und Chancen dar.

10. **Immobilien:** Der Immobiliensektor besteht aus Unternehmen, die in Immobilien investieren oder diese verwalten, wie Real Estate Investment Trusts (REITs). Sie bieten oft stabile Erträge und Dividenden, sind aber anfällig für Zinsänderungen und Marktbedingungen.

11. **Materialien:** Dieser Sektor umfasst Rohstoffproduzenten und Unternehmen, die Materialien für andere Industrien bereitstellen, wie Metalle und Chemikalien. Er profitiert von wirtschaftlichem Wachstum, ist aber empfindlich gegenüber Preis- und Nachfrageänderungen.

Fazit: Die Bedeutung der Sektoranalyse für die S&P 500-Investition

Die Fundamentalanalyse des S&P 500 und seiner Sektoren bietet einen wertvollen Einblick in die Stärke und Struktur des Index. Die verschiedenen Sektoren tragen auf unterschiedliche Weise zur Stabilität und zum Wachstum des S&P 500 bei, und ihre individuellen Eigenheiten ermöglichen Anlegern eine gezielte Analyse. Die Betrachtung der Sektoren kann auch helfen, bestimmte Marktbewegungen besser zu verstehen und die Resilienz des Portfolios zu erhöhen, indem Sektoren mit niedrigem Risiko und stabilen Erträgen gewählt werden.

Durch die Fundamentalanalyse kann der Anleger nicht nur den Wert des S&P 500 als Ganzes besser einschätzen, sondern auch individuelle Risiken und Chancen innerhalb der Sektoren erkennen und fundierte Entscheidungen für seine Investitionsstrategie treffen.

3.4 Historische Entwicklung der Sektoren

Ein tieferes Verständnis der historischen Entwicklung der Sektoren im S&P 500 bietet wertvolle Einblicke in deren langfristige Trends, Wachstumspotenziale und zyklische Schwankungen. Im Laufe der Zeit haben sich die Bedeutung und Gewichtung der einzelnen Sektoren verändert, was auch Rückschlüsse auf künftige Entwicklungen und die Resilienz des Index ermöglicht. In diesem Abschnitt betrachten wir die historischen Wachstumsraten und Schwankungen der Sektoren und analysieren, wie externe Faktoren wie

Technologie, Wirtschaftskrisen und geopolitische Ereignisse diese Entwicklungen beeinflusst haben.

Historische Gewichtung und Bedeutungsverschiebungen

Seit der Einführung des S&P 500 in den 1950er Jahren hat sich die Gewichtung seiner Sektoren immer wieder verschoben. Diese Veränderungen spiegeln die wirtschaftlichen und technologischen Entwicklungen wider, die die Märkte in den vergangenen Jahrzehnten geprägt haben.

1. **Informationstechnologie:** In den letzten zwei Jahrzehnten hat sich der Technologiesektor zur dominanten Kraft im S&P 500 entwickelt, was vor allem auf das exponentielle Wachstum von Unternehmen wie Apple, Microsoft und Alphabet zurückzuführen ist. Während der Dotcom-Blase um die Jahrtausendwende stieg die Gewichtung dieses Sektors stark an und fiel danach ebenso drastisch ab. Seit der Finanzkrise 2008 erlebt der Sektor jedoch einen erneuten, nachhaltigen Aufschwung und dominiert heute den Index.

2. **Gesundheitswesen:** Der Gesundheitssektor hat sich aufgrund der alternden Bevölkerung, medizinischer Fortschritte und wachsender Gesundheitsausgaben stetig vergrößert. Historisch gesehen war dieser Sektor weniger volatil und hat während wirtschaftlicher Abschwünge oft besser abgeschnitten, was ihn zu einer defensiven Anlagemöglichkeit machte.

3. **Finanzen:** Der Finanzsektor war traditionell einer der Hauptsektoren im S&P 500 und erlebte seine Blütezeit vor der Finanzkrise 2008. Während und nach der Krise verlor dieser Sektor jedoch erheblich an Wert und Gewichtung. Seitdem ist er zwar wieder gewachsen, jedoch weniger dominant, da neue Regulierungen und eine veränderte Risikoeinschätzung den Sektor beeinflussen.

4. **Konsumgüter (nicht-zyklisch und zyklisch):** Die Konsumgütersektoren verzeichneten im letzten Jahrhundert ein kontinuierliches Wachstum, da das Wirtschaftswachstum und der steigende Wohlstand der Bevölkerung die Nachfrage nach Konsumprodukten antrieben. Der nicht-zyklische Konsumgütersektor bleibt stabil, während der zyklische Sektor stärker schwankt und in Zeiten wirtschaftlicher Expansion an Bedeutung gewinnt.

5. **Industrie:** Dieser Sektor war in der Vergangenheit besonders dominant, als die amerikanische Wirtschaft von der Produktion und dem Handel industrieller Güter geprägt war. Mit der zunehmenden Globalisierung und dem Wandel hin zu einer Dienstleistungs- und Technologiegesellschaft hat der Industriesektor jedoch an relativer Bedeutung verloren.

6. **Versorger:** Der Versorgersektor ist historisch stabil geblieben und reagiert relativ wenig auf wirtschaftliche Zyklen. Sein Wachstum ist kontinuierlich, aber moderat, da die Nachfrage nach grundlegenden Dienstleistungen wie Energie und

Wasser meist konstant bleibt. Der Sektor wird heute oft als defensives Element im Portfolio genutzt.

7. **Energie:** Der Energiesektor, der stark von der Öl- und Gasindustrie geprägt ist, war in den 1970er und 1980er Jahren, als fossile Brennstoffe dominant waren, besonders stark gewichtet. In den letzten Jahren hat der Sektor jedoch an Bedeutung verloren, auch aufgrund des Wachstums erneuerbarer Energien und der Schwankungen der Rohstoffpreise.

8. **Kommunikation:** Der Kommunikationssektor entstand ursprünglich aus dem Telekommunikationssektor und hat sich durch die Digitalisierung und das Wachstum von Medienunternehmen stark verändert. Durch die zunehmende Nachfrage nach digitalen Diensten und Unterhaltung hat der Sektor in den letzten Jahren eine wachsende Rolle im Index eingenommen.

9. **Immobilien:** Ursprünglich in den Finanzsektor integriert, wurde der Immobiliensektor im Jahr 2016 zu einem eigenen Sektor. Er erlebte in den letzten Jahrzehnten ein signifikantes Wachstum, insbesondere durch die Beliebtheit von REITs (Real Estate Investment Trusts), die stabile Einkommensströme bieten.

10. **Materialien:** Der Materialsektor besteht aus Unternehmen, die Rohstoffe und Grundmaterialien herstellen. Sein Wachstum ist eng mit der Entwicklung der Weltwirtschaft verbunden und unterliegt daher zyklischen Schwankungen. Der

Sektor hat über die Jahre an relativer Bedeutung verloren, da er stark von globalen Preisentwicklungen abhängt.

Externe Einflussfaktoren und Krisen

Die historische Entwicklung der Sektoren im S&P 500 zeigt deutlich, wie stark sie durch externe Faktoren beeinflusst wurden. Wirtschaftskrisen wie die Dotcom-Blase 2000, die Finanzkrise 2008 und die Covid-19-Pandemie haben zu erheblichen Verschiebungen geführt. Auch geopolitische Entwicklungen, Regulierungen und technologische Innovationen haben sich nachhaltig auf die Sektorentwicklung ausgewirkt:

- **Dotcom-Blase (2000):** Der Technologiesektor erreichte ein Allzeithoch, fiel jedoch drastisch, als viele Unternehmen nach dem Platzen der Blase insolvent wurden.
- **Finanzkrise (2008):** Der Finanzsektor war besonders betroffen und hat seitdem eine geringere Gewichtung im Index.
- **Covid-19-Pandemie (2020):** Gesundheitswesen und Technologiewerte wurden wichtiger, während zyklische Sektoren und der Energiesektor stark betroffen waren.

Fazit: Lektionen aus der historischen Sektorentwicklung

Die historische Analyse der Sektoren des S&P 500 verdeutlicht, wie wichtig Diversifikation und ein Verständnis für langfristige Trends und zyklische Schwankungen sind.

Während einige Sektoren wie Informationstechnologie und Gesundheitswesen langfristig gewachsen sind, haben andere wie Energie und Industrie an Bedeutung verloren. Ein Verständnis für diese Entwicklungen kann Investoren helfen, die Zusammensetzung ihres Portfolios anzupassen und jene Sektoren zu identifizieren, die langfristig Stabilität und Wachstum versprechen.

4. Die „Bulle-und-Bär-Strategie": Erfolgreich auf steigende und fallende Kurse setzen und dadurch nachhaltige Gewinne erwirtschaften

4.1 Idee der „Bulle-und-Bär-Strategie"

Die „Bulle-und-Bär-Strategie" ist eine Handelsmethode, die darauf abzielt, sowohl von steigenden als auch von fallenden Kursen im Markt zu profitieren und nachhaltige Gewinne zu erzielen. Diese Strategie basiert auf der Kombination mehrerer technischer Analysen, um präzise Ein- und Ausstiegspunkte zu definieren. Sie wird auf der Handelsplattform **MetaTrader 5** umgesetzt und nutzt dabei eine **Vier-Fenster-Struktur**, um klare Signale zu identifizieren und Markttrends optimal zu nutzen.

4.2 Die Handelsplattform MetaTrader 5

Für die „Bulle und Bär"-Strategie wird die Windows-Download-Version der Handelsplattform MetaTrader 5 (MT5) genutzt, da sie zusätzliche Funktionen bietet, die speziell für diese Strategie von Vorteil sind. MT5 ist eine beliebte Plattform für den Handel mit Finanzinstrumenten und stellt zahlreiche Analyse-Tools, Indikatoren und benutzerdefinierte Einstellungen zur Verfügung, die es ermöglichen, Marktbewegungen genau zu beobachten und effizient zu handeln.

Ein besonderes Feature, das in der Windows-Download-Version von MT5 verfügbar ist, ist der automatische Trailing Stop, mit dem sich Gewinne sichern lassen, indem Stop-Loss-Orders dynamisch nachgezogen werden, sobald der

Kurs sich in die gewünschte Richtung bewegt. Dieses Feature bietet einen wichtigen Vorteil, indem es das Risiko reduziert und gleichzeitig die Flexibilität bei der Verwaltung offener Positionen erhöht.

Zusätzlich wird die MT5-Oberfläche genutzt, um die Vier-Fenster-Struktur der „Bulle und Bär"-Strategie optimal zu unterstützen. Die übersichtliche und anpassbare Benutzeroberfläche ermöglicht es, in mehreren Fenstern gleichzeitig verschiedene Indikatoren und Zeitfenster anzuzeigen, sodass eine fundierte und umfassende Analyse in Echtzeit möglich ist.

4.3 Handel mit S&P 500-CFDs: Chancen und Risiken

Die „Bulle und Bär"-Strategie setzt auf den Handel von CFDs (Contracts for Difference) auf den S&P 500. CFDs ermöglichen es Tradern, von den Kursbewegungen des S&P 500 zu profitieren, ohne den Index selbst physisch zu besitzen. Diese Art des Handels erlaubt sowohl Long- als auch Short-Positionen, wodurch sich Trader flexibel auf steigende und fallende Kurse einstellen können. Die Verwendung von CFDs bringt spezifische Vor- und Nachteile mit sich, die in der Strategie berücksichtigt werden müssen:

Vorteile des CFD-Handels auf den S&P 500:

- Hebelwirkung: CFDs bieten die Möglichkeit, mit einem vergleichsweise geringen Kapitaleinsatz eine größere Position am Markt zu kontrollieren. Dies ermöglicht potenziell hohe Renditen auch bei kleineren Kursbewegungen, was besonders für Trader mit begrenztem Kapital attraktiv ist.

- Flexibilität bei steigenden und fallenden Kursen: Da CFDs sowohl Long- als auch Short-Positionen unterstützen, kann der Trader von Marktbewegungen in beide Richtungen profitieren. Diese Flexibilität ist ein zentraler Bestandteil der „Bulle und Bär"-Strategie.

- Keine Stempelsteuer oder andere Besitzkosten: Im Gegensatz zu physischen Aktien wird bei CFDs auf den S&P 500 keine Stempelsteuer fällig, was die Handelskosten senken kann. Auch fallen keine Gebühren für die Depotverwahrung an, was die Kostenstruktur insgesamt reduziert.

- Marktverfügbarkeit und Liquidität: CFDs bieten eine hohe Marktliquidität und ermöglichen den Handel zu verschiedenen Tages- und Nachtzeiten, wodurch Trader auf neue Marktbewegungen zeitnah reagieren können.

Nachteile des CFD-Handels auf den S&P 500:

- Höheres Verlustrisiko durch Hebel: Während der Hebel Gewinne maximieren kann, erhöht er auch das Risiko, da auch Verluste verstärkt werden. Dies kann zu schnellen und hohen Verlusten führen, wenn sich der Markt gegen die Position entwickelt.

- Finanzierungskosten für Overnight-Positionen: Für CFDs fallen oft Finanzierungskosten an, wenn eine Position über Nacht gehalten wird. Diese Gebühren können sich im Laufe der Zeit summieren und den Gewinn erheblich verringern, besonders bei langfristigen Trades.

- Regulierung und Anbieterabhängigkeit: Der CFD-Markt ist weniger reguliert als der klassische Aktienhandel, was eine gründliche Auswahl eines seriösen Brokers erforderlich macht. Manche Anbieter haben ungünstige Konditionen oder erheben hohe Gebühren.

- Komplexität und erhöhte Volatilität: Der CFD-Handel erfordert ein hohes Maß an Marktkenntnis und Disziplin, da er stark auf kurzfristige Bewegungen und schnelle Reaktionen setzt. Auch ist der S&P 500 volatil, was schnelle Bewegungen und Positionsanpassungen notwendig machen kann.

- Diese Vor- und Nachteile des CFD-Handels auf den S&P 500 verdeutlichen, dass eine sorgfältige Risikoabwägung notwendig ist. Die „Bulle und Bär"-Strategie wurde entwickelt, um diese Besonderheiten zu nutzen und mögliche Risiken durch die gezielte Kombination von Indikatoren und die Vier-Fenster-Analyse abzufedern.

4.3 Einrichtung der Vier-Fenster-Ansicht in MetaTrader 5: Schritt-für-Schritt-Anleitung

Um die „Bulle-und-Bär-Strategie" optimal anzuwenden, ist die richtige Konfiguration der Vier-Fenster-Ansicht in **MetaTrader 5** entscheidend. Die folgende Anleitung zeigt Schritt für Schritt, wie die Fenster eingerichtet werden, um eine übersichtliche Darstellung zu gewährleisten. Die vier Abbildungen geben einen Überblick über die Gesamtansicht sowie die spezifischen Einstellungen für Hintergrund, Vordergrund und Farben.

Abbildung 4: Gesamtansicht meiner MetaTrader 5-Einstellungen

In dieser Abbildung wird die **konfigurierte Vier-Fenster-Ansicht** in meiner MetaTrader 5-Oberfläche dargestellt. Sie zeigt die grundlegende Anordnung der Fenster und die getroffenen Einstellungen für Farben und Layout, wie sie für die „Bulle und Bär"-Strategie notwendig sind.

Abbildungen 5 bis 7: Konfiguration der Eigenschaften für Allgemein, Zeigen und Farben

Die folgenden Abbildungen veranschaulichen die Konfiguration der **Eigenschaften für Allgemein, Zeigen und Farben** in MetaTrader 5:

- **Allgemein:** Hier kann die Darstellung des Charts angepasst werden, wie z. B. die Wahl zwischen Balkenchart, Kerzenchart oder Linienchart. Diese Einstellung ermöglicht es, die für die „Bulle und Bär"-Strategie bevorzugte Chartart zu wählen.

- **Zeigen:** Diese Einstellungen legen fest, welche Elemente im Chart angezeigt werden, z. B. Ticker, Bid-Preis-Linie oder Handelsebene. Durch die Auswahl dieser Optionen können wichtige Informationen auf den ersten Blick sichtbar gemacht werden.

- **Farben:** In dieser Rubrik werden die Farbschemata definiert, wie Hintergrundfarbe, Farben für „Kerze hoch" oder „Kerze runter". Diese Anpassungen schaffen eine übersichtliche Darstellung und helfen dabei, die Kursbewegungen besser zu analysieren.

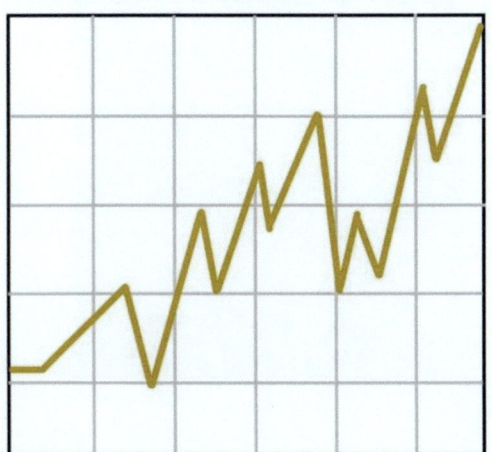

Abbildung 4

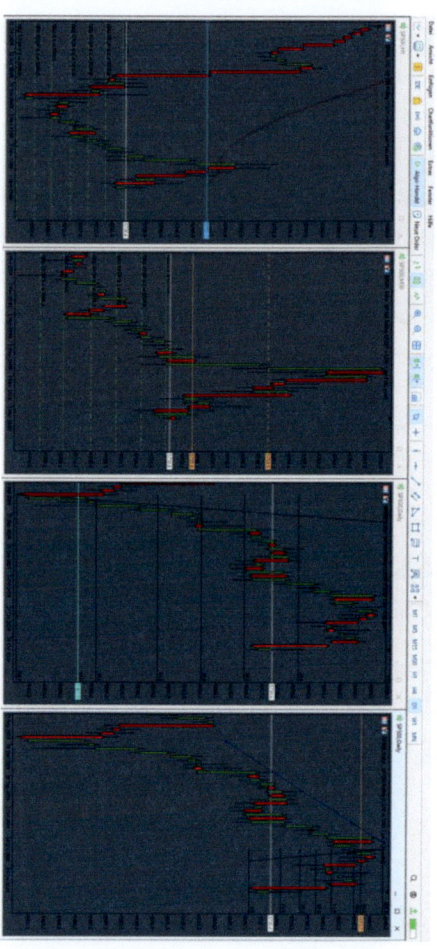

Abbildung 5

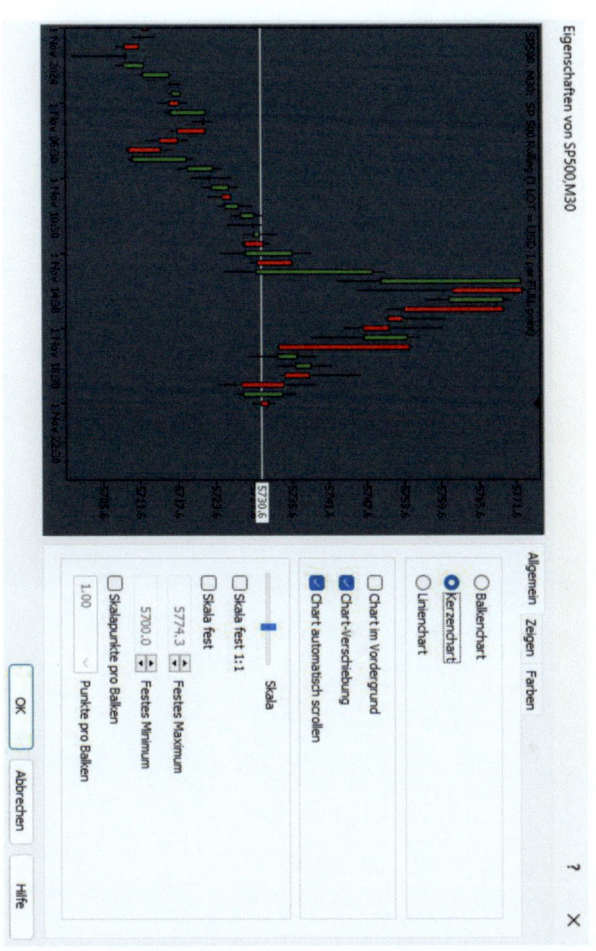

Abbildung 6

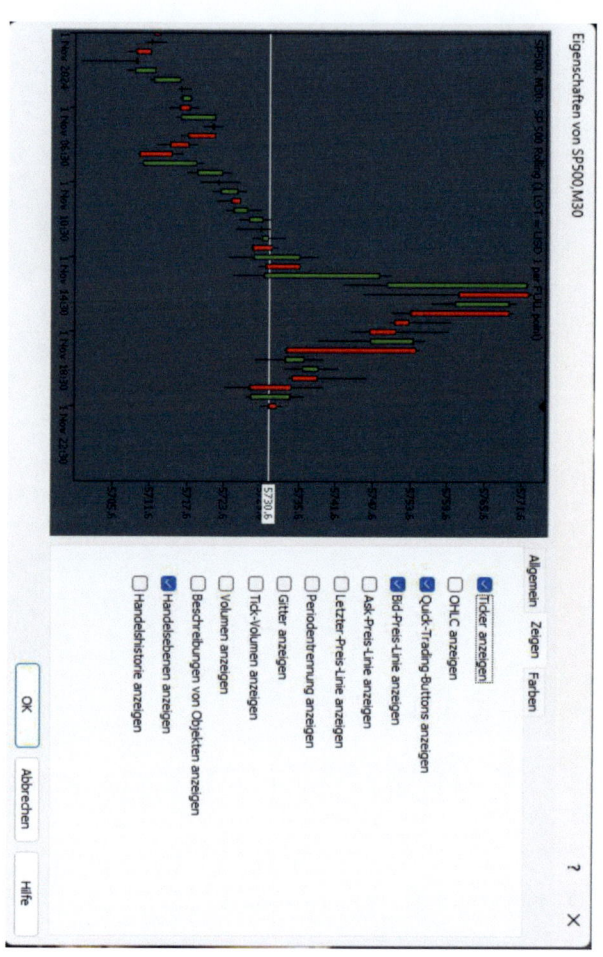

52

Abbildung 7

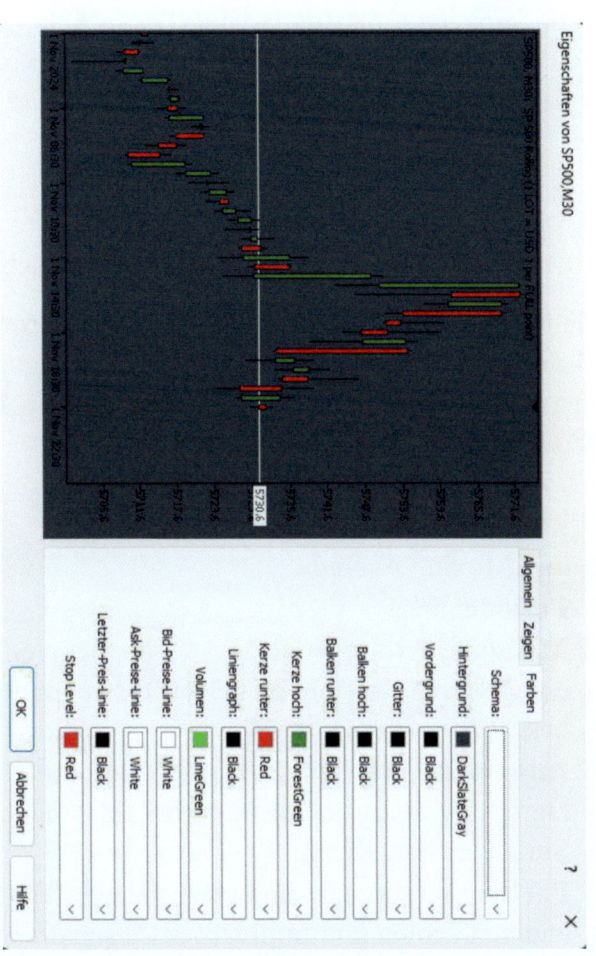

53

4.4 Einteilung der einzelnen Fenster

Die „Bulle und Bär"-Strategie setzt auf eine klare und strukturierte Konfiguration der einzelnen Fenster in MetaTrader 5. In diesem Abschnitt wird das Setup für das erste Fenster beschrieben, einschließlich der spezifischen Indikatoreinstellungen und visuellen Anpassungen.

Fenster 1: Moving Average-Indikator auf Stundenbasis (H1)

Für das erste Fenster wird der **Moving Average-Indikator** auf das Zeitfenster H1 angewendet, um mittelfristige Kursbewegungen des S&P 500 zu analysieren. Die detaillierten Einstellungen sind wie folgt (siehe Abbildung 8):

- **Indikator:** Moving Average
  - **Periode:** 50
  - **Methode:** Exponential (EMA), um neueren Kurswerten ein größeres Gewicht zu geben und so aktuelle Trends besser zu erfassen.
  - **Anwenden auf:** Schlusskurs (Close), um glatte Durchschnittswerte auf Basis der finalen Kurswerte jeder Stunde zu berechnen.
  - **Farbe:** Maroon, um eine klare visuelle Trennung von anderen Linien und Indikatoren zu schaffen.

- **Handelsebenen anzeigen:** Diese Option wird aktiviert, um offene Positionen und Order-Ebenen direkt im Chart sichtbar zu machen und den Überblick über laufende Trades zu behalten.

- **Horizontale Linie (blau):** Eine blaue horizontale Linie wird am Moving Average angelegt, um die Einstellungen für das nächste Fenster, Fenster 2, leichter zu erkennen und abzugleichen.

Erklärung des Moving Average-Indikators

Der **Moving Average (gleitender Durchschnitt)** ist ein grundlegender technischer Indikator, der verwendet wird, um den durchschnittlichen Kurs eines Wertpapiers über einen bestimmten Zeitraum zu berechnen und so den allgemeinen Trend zu identifizieren. Der **exponentielle gleitende Durchschnitt (EMA),** der in diesem Fenster genutzt wird, gewichtet neuere Kursdaten stärker als ältere, was ihn besonders reaktionsschnell auf kurzfristige Kursänderungen macht.

Dieser EMA 50 im Stundenfenster (H1) gibt somit einen zuverlässigen Überblick über den mittelfristigen Trend des S&P 500 und hilft bei der Entscheidungsfindung, ob das allgemeine Momentum aufwärts oder abwärts gerichtet ist. Ein Durchbrechen der EMA-Linie kann als potenzielles Signal für eine Trendumkehr dienen und somit für die Platzierung von Trades genutzt werden.

Abbildung 8

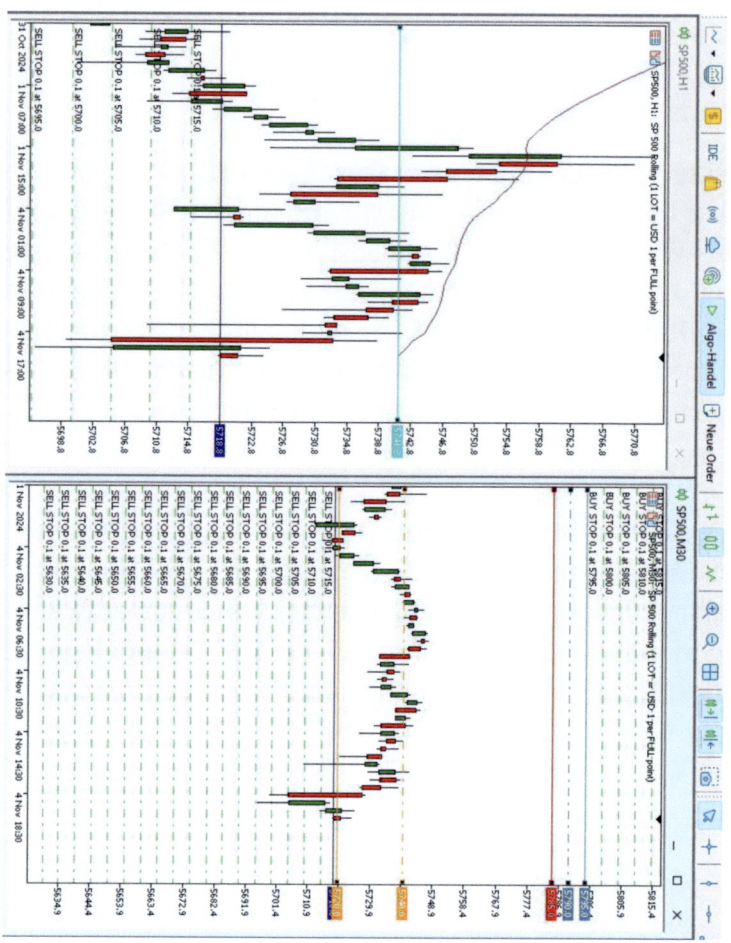

56

Fenster 2: M30 – Einteilung der Trades mit Buy-Stop und Sell-Stop

Fenster 2 ist in einem 30-Minuten-Zeitrahmen (M30) konfiguriert und wird genutzt, um die genauen Einstiegspunkte für Trades festzulegen. Dabei werden nur zwei Arten von Ordern verwendet: **Buy-Stop** und **Sell-Stop**.

Was sind Buy-Stop und Sell-Stop?

- **Buy-Stop:** Eine Buy-Stop-Order wird oberhalb des aktuellen Marktpreises platziert. Sie wird nur dann automatisch ausgelöst, wenn der Kurs auf das gewählte Niveau steigt oder es übersteigt. Buy-Stops setzen also darauf, dass ein Preisniveau überschritten wird und der Kurs dann weiter ansteigt.

- **Sell-Stop:** Eine Sell-Stop-Order wird unterhalb des aktuellen Marktpreises platziert. Sie wird nur dann ausgelöst, wenn der Kurs dieses Niveau erreicht oder darunter fällt. Sell-Stops gehen davon aus, dass ein Preisniveau unterschritten wird und der Kurs dann weiter sinkt.

Linien und ihre Bedeutung in Fenster 2 (Abbildung 8):

1. **Horizontale Linie im Fenster 1:** Im **Fenster 1** wurde am Moving Average eine horizontale Linie bei **5.741,2** Punkten festgelegt. Das ist ein Referenzniveau, um den Kursverlauf zu beobachten.

2. **Gestrichelte orange Linie bei 5.740:** Da der Markt fällt, setzen wir die erste wichtige Linie in Fenster 2 bei **5.740 Punkten** als

orange gestrichelte Linie. Sie zeigt eine potenzielle Markierung an, bei der man auf fallende Kurse vorbereitet ist.

3. **Gestrichelte blaue Linie bei 5.790:** Diese Linie dient als Orientierung für einen späteren **Buy-Stop**, also einen Kauf, falls der Kurs wieder steigt.

4. **Blaue Linie bei 5.795:** Hier wird der erste **Buy-Stop-Trade** platziert. Das bedeutet, wenn der Kurs auf dieses Niveau steigt, wird die Order automatisch ausgeführt und wir kaufen zu diesem Kurs. Dies geschieht unter der Annahme, dass der Kurs danach weiter steigen könnte.

5. **Rote Linie:** Diese Linie zeigt an, wann eine Umschaltung zwischen Buy-Stop und Sell-Stop sinnvoll ist, falls der Kurs sich umkehrt.

6. **Orange Linie bei 5.720:** Diese Linie markiert den ersten **Sell-Stop-Trade**, d.h., hier wird automatisch eine Verkaufsposition eröffnet, wenn der Kurs dieses Niveau erreicht. Die Order wird allerdings nur dann aktiviert, wenn der Kurs vorher über **5.725 Punkte** gestiegen ist, um einen verfrühten Einstieg zu vermeiden.

7. **Handelsebenen anzeigen:**

Die Einteilung der Linien wird regelmäßig überprüft und angepasst.

- **Abbildung 8 (rechte Grafik):** Zeigt das Basis-Setup der Linien, wie oben beschrieben.
- **Abbildung 9:** Die Linie des Moving Average im Fenster 1 ist auf **5.729,9 Punkte** gestiegen, wodurch alle Linien im Fenster 2 angepasst wurden:
  - Orange gestrichelte Linie bei **5.725**
  - Orange Linie bei **5.720**
  - Blaue gestrichelte Linie bei **5.775**
  - Blaue Linie bei **5.780** (erster Buy-Stop-Trade)
  - Rote Linie bei **5.770**

So lange ein klarer Trend besteht, bleibt der Abstand der gestrichelten Linien bei **50 Punkten**.

Beispiel für Trendumkehr und Anpassung der Linien:

- **Abbildung 10:** Eine Trendumkehr findet statt, und der erste Buy-Stop wird ausgelöst. Der Moving Average liegt nun bei **5.742 Punkten**, was weitere Anpassungen nötig macht:
- Orange gestrichelte Linie bei **5.740**
- Orange Linie bei **5.735**
- Erst wenn der Kurs über **5.775 Punkte** steigt, werden die rote Linie und die blaue gestrichelte Linie angepasst.

Abbildung 11

- **Moving Average (Fenster 1):** Der Moving Average ist auf **5.779,2 Punkte** gestiegen.

- **Anpassung in Fenster 2:**
    - Die **blaue gestrichelte Linie** bleibt unverändert bei **5.775** Punkten.
    - Die **rote Linie**, die **orange gestrichelte Linie** und die **orange Linie** bleiben ebenfalls unverändert, da der Abstand zwischen den gestrichelten Linien noch unter **50 Punkten** liegt.
    - Die **blaue Linie** für den Buy-Stop bleibt weiterhin bei **5.910** Punkten, da dies das Zielniveau für den ersten Buy-Stop-Einstieg ist.

Abbildung 12

- **Moving Average (Fenster 1):** Der Moving Average steigt auf **5.785,1** Punkte.
- **Anpassung in Fenster 2:**
    - Die **blaue gestrichelte Linie** wird auf **5.785** angehoben, um der neuen Lage des Moving Average zu entsprechen.
    - Die rote, orange gestrichelte und orange Linie bleiben unverändert, da der Abstand zu den gestrichelten Linien noch unter **50 Punkten** bleibt.
    - Die blaue Linie für den Buy-Stop liegt weiter bei **5.910**, da dies weiterhin das Zielniveau für den ersten Buy-Stop-Einstieg darstellt.

Abbildung 13

- **Moving Average (Fenster 1):** Der Moving Average hat sich auf **5.816,5 Punkte** erhöht.

- **Anpassung in Fenster 2:**
  - Die **blaue gestrichelte Linie** wird nun auf **5.815** Punkte verschoben, wodurch der Abstand zur orange Linie jetzt **50 Punkte** beträgt.
  - Die rote Linie, die orange gestrichelte Linie und die orange Linie bleiben unverändert, da diese Positionen weiterhin passend zur Trendstruktur sind.

Abbildung 14

- **Moving Average (Fenster 1):** Der Moving Average steigt auf **5.820,5 Punkte**.
- **Anpassung in Fenster 2:**
  - Die blaue gestrichelte Linie wird auf **5.820** angepasst, da der Moving Average dieses Niveau erreicht hat.
  - Jetzt können auch die rote und die orange Linie nachgezogen werden, um das aktuelle Marktgeschehen besser abzubilden:
  - **Rote Linie** bei **5.775**
  - **Orange gestrichelte Linie** bei **5.770**
  - **Orange Linie** bei **5.765** (markiert den ersten Sell-Stop-Trade)

Abbildung 9

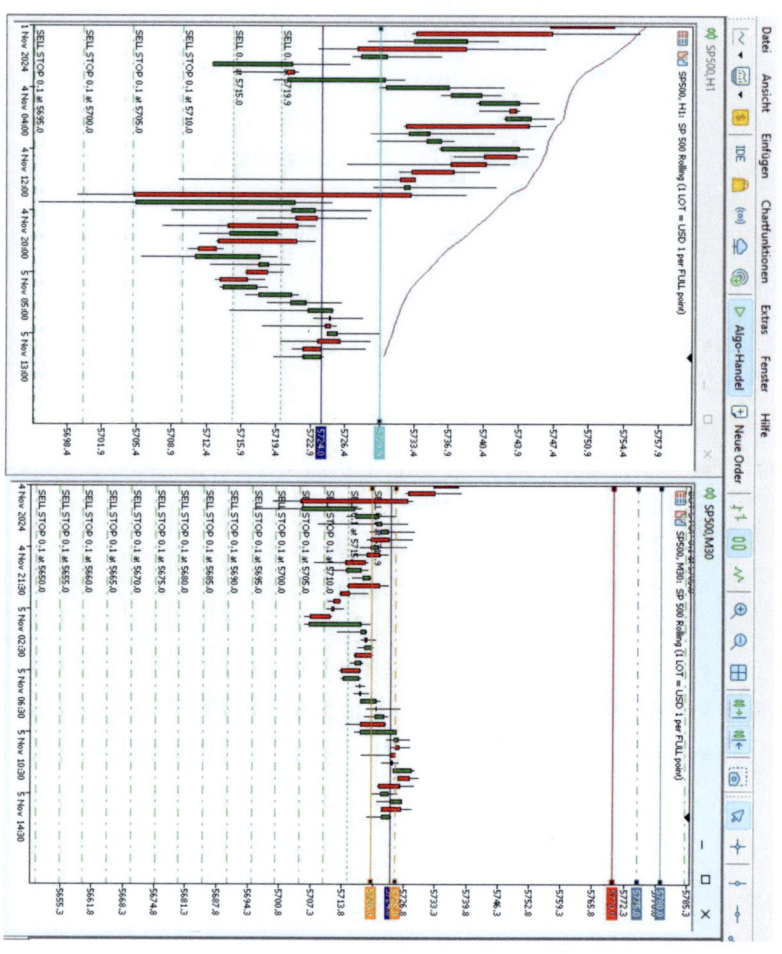

Abbildung 10

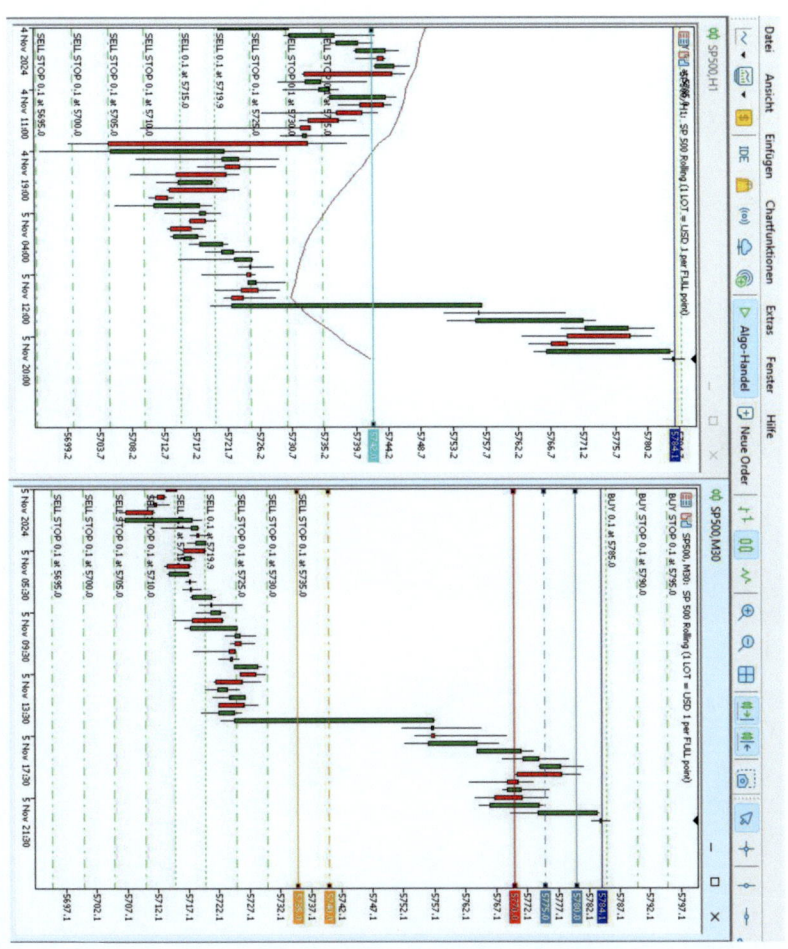

Abbildung 11

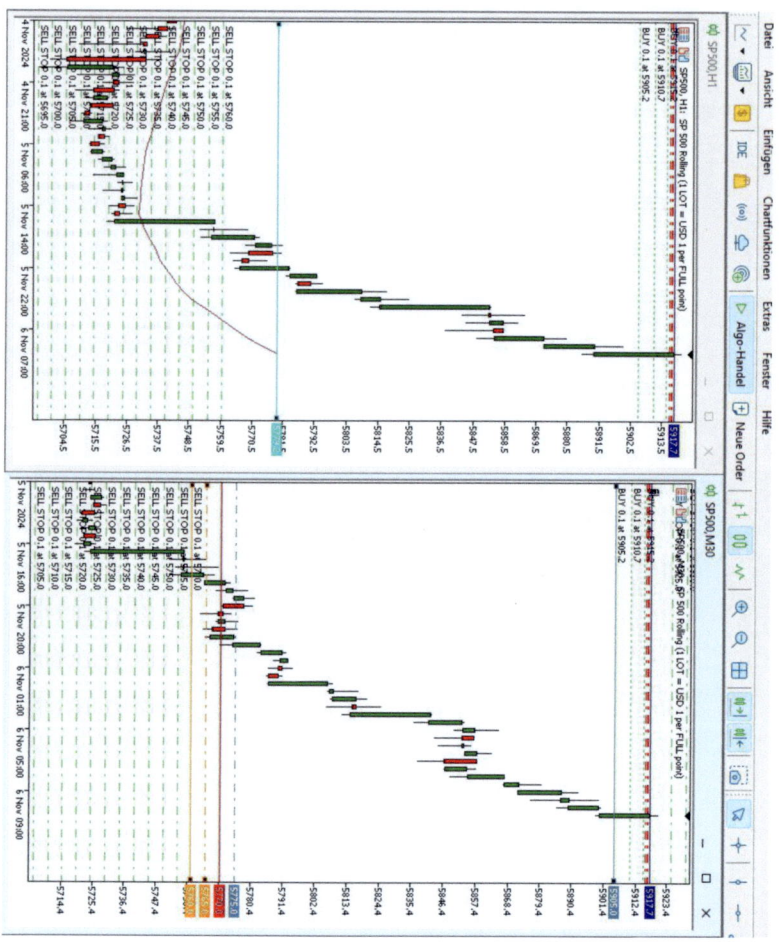

Abbildung 12

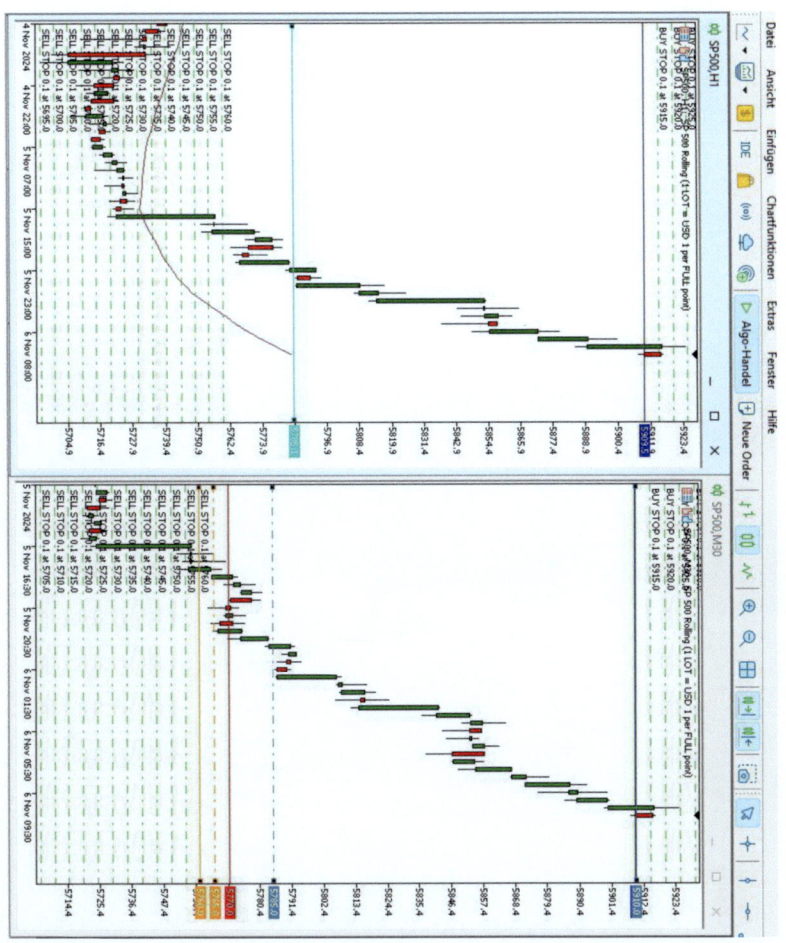

65

Abbildung 13

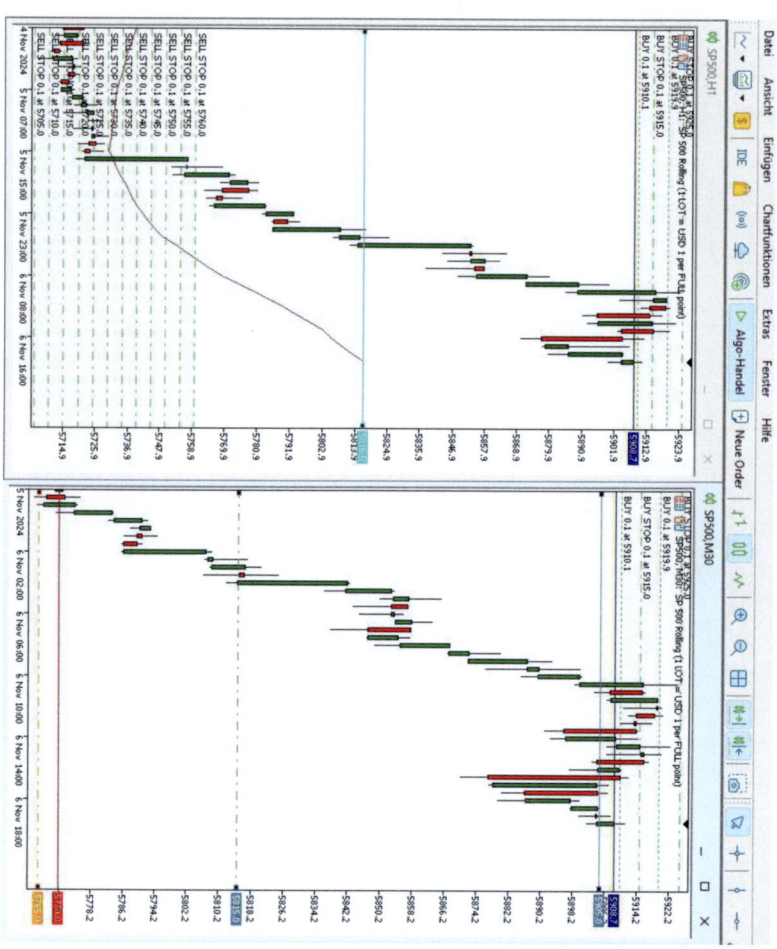

Abbildung 14

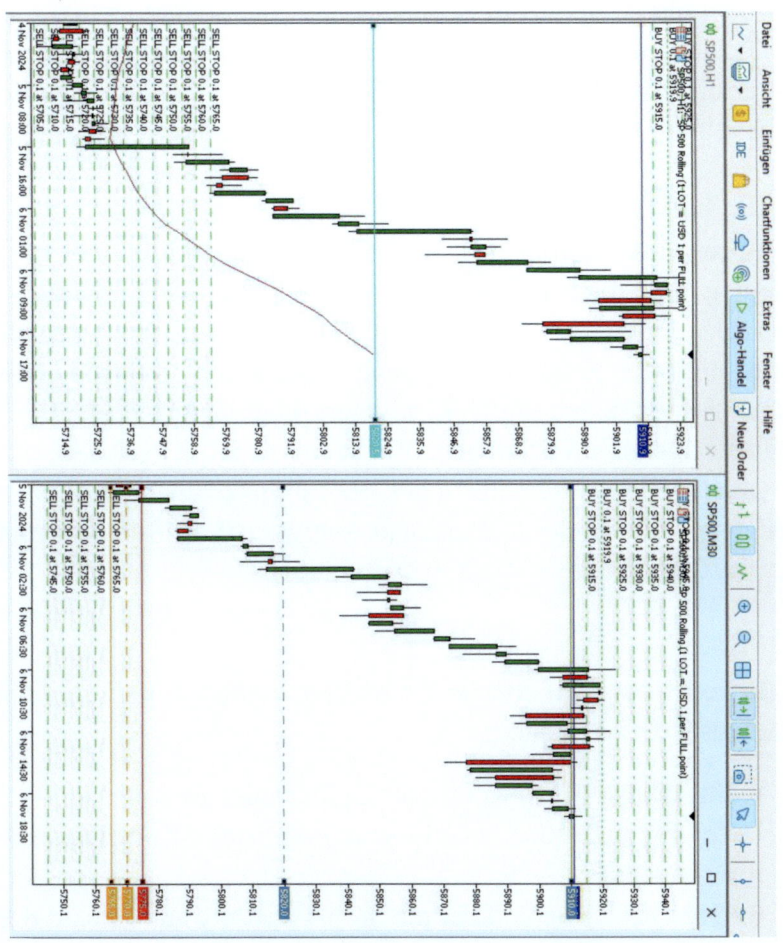

Fenster 3 (D1): Stop-Loss-Bestimmung für Buy-Stop Orders

Ziel von Fenster 3: Dieses Fenster dient dazu, den Stop-Loss für Buy-Stop Orders festzulegen. Ein **Stop-Loss** ist eine Schutzmaßnahme, bei der ein Trade automatisch geschlossen wird, sobald ein vordefinierter Verlust erreicht wird. Dies minimiert potenzielle Verluste, indem der Trade bei einem unerwünschten Kursverlauf rechtzeitig beendet wird.

Verwendung des Fibonacci-Werkzeugs: Um den Stop-Loss festzulegen, nutzen wir in Fenster 3 die **Fibonacci-Retracement-Ebenen**. Das Fibonacci-Werkzeug ist eine technische Analysemethode, die auf bestimmten Prozentsätzen basiert und Kurskorrekturen sowie mögliche Unterstützung und Widerstandszonen identifiziert. Die wichtigsten Ebenen im Fibonacci-Werkzeug sind 0.236, 0.382, 0.5 und 0.618, welche alle mathematisch aus der Fibonacci-Zahlenfolge abgeleitet sind und in der technischen Analyse oft als Reaktionspunkte genutzt werden.

Zusätzliche Ebenen für unsere Strategie: In diesem Fall verwenden wir zwei zusätzliche Ebenen:

- **0.786:** Diese Ebene zeigt eine tiefer liegende Unterstützungszone, welche eine potenzielle Korrektur des Preises markiert.
- **0.836:** Diese Ebene dient als Stop-Loss-Niveau. Sobald der Preis diese Linie erreicht, wird der Stop-Loss ausgelöst und der Trade geschlossen.

Die genaue Platzierung dieser Ebenen hilft uns, unser Risiko zu kontrollieren und festzulegen, bis zu welchem Kursrückgang wir bereit sind, eine Position zu halten.

Abbildungen zur Veranschaulichung:

Abbildung 15 zeigt das vollständige Fenster-Setup in MetaTrader 5 mit den Fibonacci-Ebenen und der Positionierung des Stop-Loss.

Abbildung 16 stellt die zusätzlichen Fibonacci-Ebenen 0.786 und 0.836 dar, die wir zur Bestimmung der Unterstützungszone und des Stop-Loss-Bereichs nutzen.

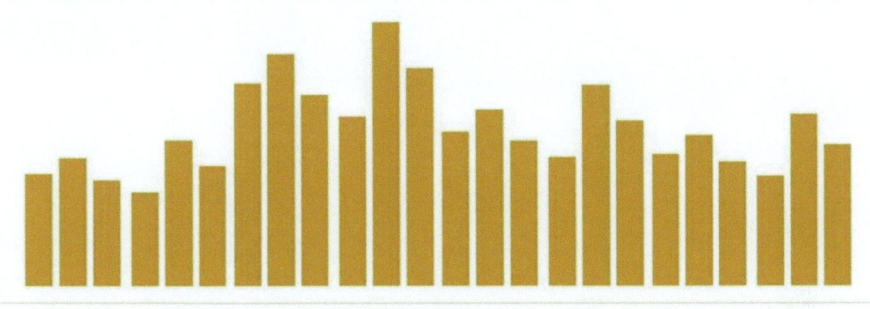

Abbildung 15

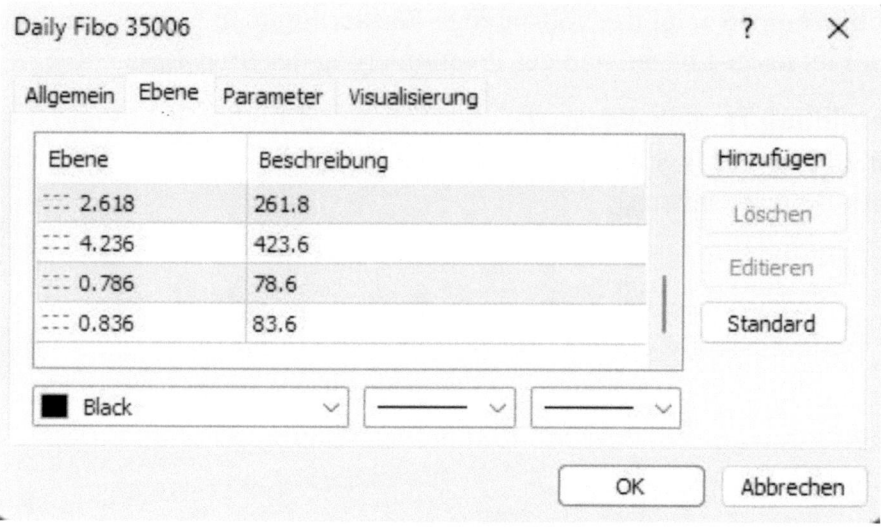

Abbildung 16

Fenster 4 (D1): Stop-Loss-Bestimmung für Sell-Stop Orders

Ziel von Fenster 4: Dieses Fenster wird verwendet, um den Stop-Loss für Sell-Stop Orders zu bestimmen. Anders als bei den Buy-Stop Orders im Fenster 3, bei denen das Fibonacci-Werkzeug genutzt wird, verwenden wir hier eine **obere Trendlinie oder eine markante Widerstandslinie**, da derzeit kein klarer Abwärtstrend vorliegt.

Stop-Loss-Strategie: In diesem Beispiel wurde eine Widerstandslinie bei **6.100 Punkten** festgelegt. Diese Linie dient als Orientierung, um den Punkt zu definieren, bei dem der Stop-Loss ausgelöst werden soll, falls der Kurs entgegen der Position ansteigt. Sobald der Kurs diese Widerstandslinie erreicht, wird der Stop-Loss aktiviert und der Trade geschlossen, um weitere Verluste zu vermeiden.

Warum kein Fibonacci?: Da kein Abwärtstrend besteht, wäre das Fibonacci-Werkzeug hier nicht effektiv, da es hauptsächlich zur Identifizierung von Rücksetzpunkten in einer bestehenden Trendrichtung verwendet wird. Die Widerstandslinie bei 6.100 Punkten bietet jedoch eine gute Ankerlinie, um den Stop-Loss für Sell-Stop Orders festzulegen.

Abbildung 17: Veranschaulicht die Platzierung der oberen Widerstandslinie bei 6.100 Punkten in Fenster 4 als Stop-Loss-Level für Sell-Stop Orders.

Abbildung 17

Ziel des Risikomanagements: Risikomanagement ist entscheidend, um mögliche Verluste zu begrenzen und die Stabilität des Portfolios langfristig zu sichern. Eine bewusste Planung der eingesetzten Mittel hilft, Verluste auf ein vorher festgelegtes Niveau zu beschränken und Chancen gezielt zu nutzen, ohne das Kapital unnötig zu gefährden.

1. Marge und Hebelwirkung

- **Marge:** Die Marge ist der Betrag, den Broker als Sicherheit einbehalten, um eine Position zu eröffnen. Sie ermöglicht es, eine größere Position zu handeln, als das eigene Kapital allein es zulassen würde. Beispielsweise kann bei einer Marge von 5 % ein Trader eine Position von 100.000 € mit nur 5.000 € Sicherheiten eröffnen.
- **Hebelwirkung:** Der Hebel multipliziert das eingesetzte Kapital und potenziert sowohl Gewinne als auch Verluste. Es ist wichtig, Hebelprodukte bewusst und verantwortungsvoll einzusetzen, da sie das Risiko stark erhöhen.

2. Volumen – Wie viel Kapital pro Trade einsetzen?

Das Volumen ergibt sich aus dem verfügbaren Kapital, geteilt durch die erforderliche Marge. Die Marge für den S&P 500 beträgt aktuell ca. 30,00 € pro gehandeltem Kontrakt. Damit empfiehlt es sich, mindestens 250 € als Kontostand zu halten, um 8 bis 10 Trades durchführen und flexibel auf Kursveränderungen reagieren zu können.

Empfohlene Kapitalanforderungen für verschiedene Volumen:

Volumen (Kontrakte)	Erforderliches Kapital (€)
0,1	250
0,2	500
0,5	1.250
1,0	2.500

Diese Tabelle zeigt die ungefähren Kapitalanforderungen für unterschiedliche Handelsvolumen. Eine sorgfältige Wahl des Volumens und ein ausreichendes Kapital ermöglichen es, das Risiko pro Trade zu minimieren und gleichzeitig flexibel auf Marktbewegungen zu reagieren.

3. Bankrollmanagement – Klare Regeln für Kapitaleinsatz und Verlustgrenzen

Ein strukturiertes Bankrollmanagement hilft, das Kapital optimal zu nutzen und das Risiko im Falle von Verlusten zu minimieren. Hier sind die zentralen Regeln:

- **Volumenbeschränkung:** Das eingesetzte Volumen sollte niemals das verfügbare Kapital durch die aktuelle Marge übersteigen. Wichtig dabei: Die Marge kann sich ändern und erhöht sich, wenn der Index steigt. Es ist daher notwendig, die Margin-Anforderungen regelmäßig zu prüfen und das Volumen entsprechend anzupassen.

- **Volumenanpassung bei Verlusten:** Sollten Verluste auftreten, ist es ratsam, das Volumen anzupassen und zu verringern, um weitere Verluste zu begrenzen. Die Reduktion des Volumens hilft, das Kapital zu schonen und ermöglicht eine stabilere Erholung des Kontostands.

Zusammenfassung: Erfolgreiches Risikomanagement bedeutet, den Hebel bewusst einzusetzen, das Volumen angemessen zu wählen und das Kapital langfristig zu schützen. Durch eine klare Strategie für Marge, Volumen und Bankrollmanagement kann das Risiko kontrolliert und die Rentabilität über längere Zeiträume gesichert werden.

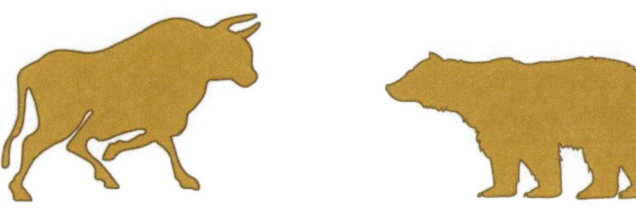

4.6 Beispiel einer Schritt-für-Schritt-Anwendung der Strategie

In diesem Abschnitt wird die praktische Anwendung der „Bulle-und-Bär-Strategie" anhand von zwei Beispielen erklärt: einem Buy-Stop und einem Sell-Stop. Der Abstand zwischen den Trades beträgt **5 Indexpunkte.**

Beispiel: Buy-Stop (siehe Abbildung 18)

Im **Fenster 2** sehen wir, dass der Kurs aktuell bei **5.997,8 Punkten** liegt, und die **blaue Linie** bei **6.000 Punkten** markiert ist. Daher kann eine **Buy-Stop Order** bei **6.000 Punkten** platziert werden.

Einstellungen im Orderfenster:

1. Symbol: SP 500, SP500 Rolling
2. Typ: Pending Order
3. Typ: Buy-Stop
4. Volumen: 0,10 (beachten Sie die Regeln des Bankrollmanagements)
5. Preis: 6000.0
6. Stop Loss: 5.749,5 (siehe Fenster 3)

Achtung: Der Auftrag wird erst eingestellt, wenn der Kurs unter **5.995 Punkten** fällt. Dadurch wird ein zu früher Einstieg verhindert, sollte der Markt in diesem Bereich stark schwanken.

Beispiel: Sell-Stop (siehe Abbildung 19)

Hier richten wir eine **Sell-Stop Order** ein.

Einstellungen im Orderfenster:

1. **Symbol:** SP 500, SP500 Rolling
2. Ty**p:** Pending Order
3. **Typ:** Sell-Stop
4. **Volumen:** 0,10
5. **Preis:** 5820.0
6. **Stop Loss:** 6.100,0 (siehe Fenster 4)

In diesem Fall liegt der Kurs über **5.825 Punkten**. Da der Kurs über diesem Niveau liegt, kann die Order direkt eingestellt werden.

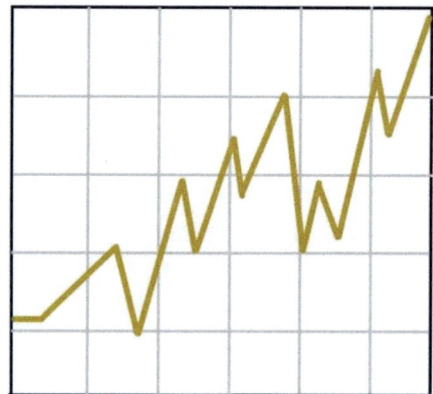

Automatischer Trailing Stop (siehe Abbildung 20)

Sobald eine Order erfolgreich platziert wurde, können Sie den **automatischen Trailing Stop** aktivieren, um Gewinne abzusichern und Verluste zu minimieren.

Einstellungen und Funktionsweise:

Der Trailing Stop wird automatisch auf **30 Punkte** gesetzt.

Er folgt dem Kurs in Echtzeit, sodass bei Kursgewinnen der Stop Loss entsprechend nachgezogen wird, ohne dass Sie manuell eingreifen müssen.

Wichtig:

Der Trailing Stop funktioniert nur, wenn Ihr Rechner eingeschaltet ist und **MetaTrader 5 geöffnet bleibt.**

Vergewissern Sie sich, dass der Trailing Stop für **jede Order separat** aktiviert wird, um optimale Ergebnisse zu erzielen.

Diese Beispiele veranschaulichen die einfache und präzise Anwendung der Strategie. Indem Sie die definierten Regeln befolgen, können Sie sicherstellen, dass Ihre Trades auf einer soliden Grundlage basieren und gut abgesichert sind.

Abbildung 18

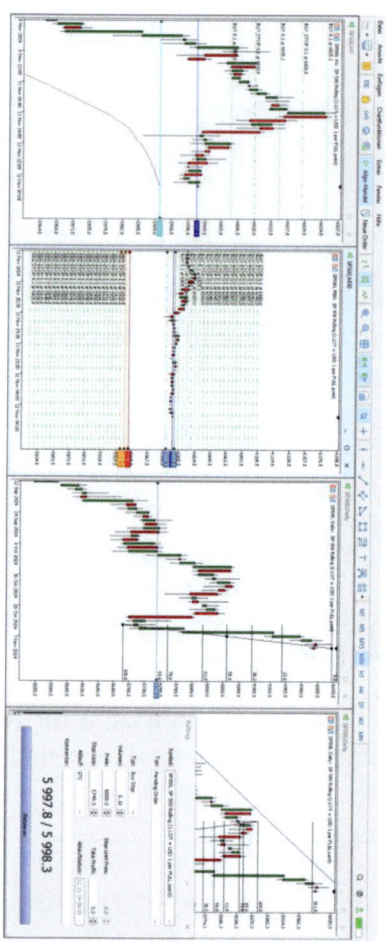

Abbildung 19

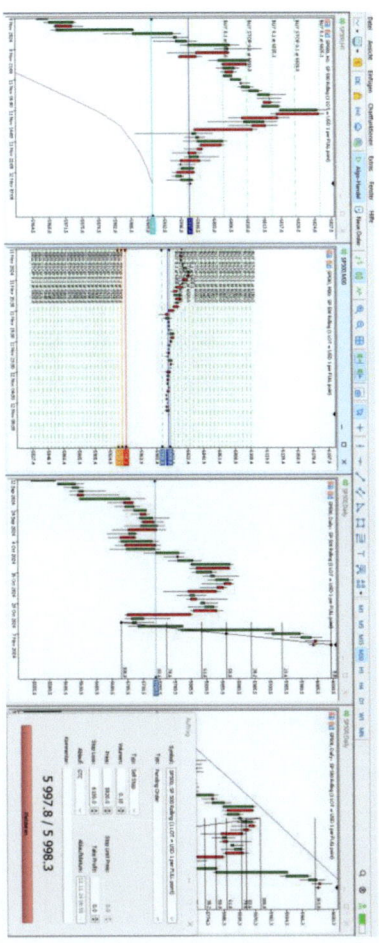

Abbildung 20

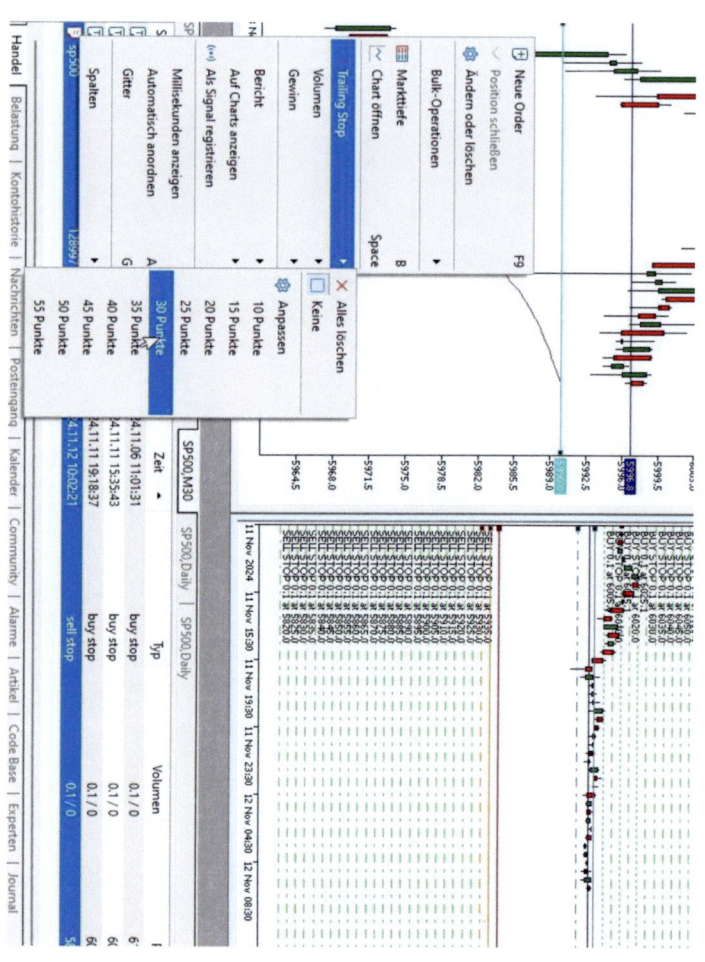

5. Psychologie des Tradens

Erfolgreiches Trading erfordert nicht nur eine solide Strategie und technisches Know-how, sondern auch die Fähigkeit, mit den psychologischen Herausforderungen des Marktes umzugehen. Emotionen wie Angst, Gier und Unsicherheit können oft zu impulsiven Entscheidungen führen, die die Handelsstrategie untergraben.

5.1 Die Rolle der Emotionen im Trading

- **Gier:** Die Erwartung hoher Gewinne kann dazu führen, dass Trader riskante Entscheidungen treffen, wie z. B. das Überschreiten des geplanten Volumens oder das Ignorieren von Verlustgrenzen.
- **Angst:** Verlustängste können dazu führen, dass Trader Positionen zu früh schließen, Gewinne verpassen oder nicht den Mut haben, eine vielversprechende Position zu eröffnen.
- **Übermut:** Nach einer Reihe erfolgreicher Trades kann Selbstüberschätzung einsetzen, was zu unvorsichtigen Entscheidungen führt.

5.2 Kontrollierte Emotionen: Wie man Disziplin bewahrt

- **Halten Sie sich an Ihre Strategie:** Entwickeln Sie klare Regeln für den Einstieg, Ausstieg und das Risikomanagement. Folgen Sie diesen Regeln strikt, unabhängig von Ihren Emotionen.
- **Setzen Sie realistische Ziele:** Überhöhte Gewinnerwartungen können zu Frustration und impulsivem Verhalten führen. Klare, erreichbare Ziele helfen, fokussiert zu bleiben.
- **Pausen einlegen:** Wenn Sie merken, dass Emotionen Ihr Handeln bestimmen, nehmen Sie sich eine Auszeit vom Markt, um eine objektive Perspektive zu gewinnen.

- **Tagebuch führen:** Dokumentieren Sie Ihre Trades, einschließlich Ihrer Gedanken und Emotionen während des Prozesses. Dies hilft, emotionale Muster zu erkennen und zu verbessern.

5.3 Häufige psychologische Fehler vermeiden

- **Overtrading:** Zu viele Trades in kurzer Zeit zu eröffnen, um Verluste auszugleichen, kann schnell zu weiteren Verlusten führen.
- **Herdentrieb:** Sich an der Masse zu orientieren, ohne die eigenen Analysen zu hinterfragen, kann zu irrationalen Entscheidungen führen.
- **Verlustaversion:** Trades zu lange offen zu lassen, in der Hoffnung, dass sich der Markt erholt, kann zu unnötigen Verlusten führen.

5.4 Mentale Stärke aufbauen

- **Akzeptanz von Verlusten:** Verluste gehören zum Trading dazu. Sehen Sie sie als Lernchance, nicht als persönliches Versagen.
- **Meditation und Achtsamkeit:** Diese Techniken können helfen, den Geist zu beruhigen und in stressigen Marktphasen einen klaren Kopf zu bewahren.
- **Regelmäßiges Lernen:** Bildung und Marktverständnis stärken das Vertrauen in Ihre Fähigkeiten und reduzieren emotionale Unsicherheit.

5.5 Fazit: Psychologie als Schlüssel zum Erfolg

Die Kontrolle der eigenen Emotionen und das Verständnis der psychologischen Dynamik im Trading sind essenziell für langfristigen Erfolg. Disziplin, Geduld und Selbstreflexion sollten als ebenso wichtige Werkzeuge betrachtet werden wie technische Indikatoren oder Handelsplattformen.

Hier sind einige inspirierende Zitate von erfolgreichen Tradern, die die Bedeutung der Psychologie im Trading unterstreichen:

Paul Tudor Jones:

„Der Schlüssel zum Trading-Erfolg liegt in der emotionalen Disziplin. Wenn Intelligenz der Schlüssel wäre, hätten mehr Leute Geld verdient."

(Das unterstreicht, wie wichtig es ist, Emotionen zu kontrollieren, um langfristig erfolgreich zu sein.)

Jesse Livermore:

„Das Geld liegt nicht im Handeln. Es liegt im Sitzen – im Warten."

(Hinweis auf die Geduld, die beim Halten von Positionen wichtig ist, anstatt impulsiv zu handeln.)

Ed Seykota:

„Gewinnen oder verlieren – jeder bekommt das, was er will. Einige Menschen lieben es zu verlieren, also gewinnen sie, indem sie verlieren."

(Ein Beispiel dafür, wie Selbstsabotage und emotionale Muster das Ergebnis beeinflussen können.)

Warren Buffett:

„Das Wichtigste, was man tun muss, wenn man sich in einem Loch befindet, ist, aufzuhören zu graben."

(Hervorhebung, dass man bei Verlusten eine klare Grenze ziehen sollte, um emotionale Entscheidungen zu vermeiden.)

George Soros:

„Es geht nicht darum, ob man Recht hat oder nicht, sondern darum, wie viel Geld man verdient, wenn man Recht hat, und wie viel man verliert, wenn man Unrecht hat."

(Fokus auf Risikomanagement und emotionale Unabhängigkeit von der Trefferquote.)

Mark Douglas (Autor von „Trading in the Zone, S.X"):

„Ein Trader muss lernen, Vertrauen in sich selbst und sein System zu entwickeln, ohne die Ergebnisse jedes einzelnen Trades als Maßstab für seinen Erfolg zu verwenden."

6. Steuerliche und rechtliche Überlegungen zu CFDs

Beim Handel mit Differenzkontrakten (CFDs) spielen steuerliche und rechtliche Aspekte eine entscheidende Rolle. Diese Punkte sollten von jedem Trader verstanden werden, um Compliance zu gewährleisten und unangenehme Überraschungen zu vermeiden.

6.1 Steuerliche Behandlung von CFDs in Deutschland

1. **Kapitalertragsteuer:**
   - Gewinne aus dem CFD-Handel unterliegen in Deutschland der Kapitalertragsteuer von 25 % zzgl. Solidaritätszuschlag und ggf. Kirchensteuer. Die Steuer wird oft direkt von der Bank oder dem Broker abgeführt (Abgeltungsteuer).

2. **Verrechnung von Verlusten:**
   - Verluste aus dem CFD-Handel können nur mit Gewinnen aus anderen Termingeschäften oder CFDs verrechnet werden.
   - Der maximale Verlustausgleich ist auf 20.000 Euro pro Jahr begrenzt (Regelung seit 2021). Überschreitende Verluste können in die folgenden Jahre vorgetragen werden.

3. **Steuerliche Dokumentation:**
   Trader sollten alle Transaktionen, Gewinne und Verluste genau dokumentieren. Die meisten Broker stellen Jahressteuerbescheinigungen zur Verfügung, die beim Ausfüllen der Steuererklärung helfen.

6.2 Rechtliche Aspekte

1. **Regulierung von Brokern:**
   - Beim Handel mit CFDs sollten Trader sicherstellen, dass der Broker von einer anerkannten Finanzaufsichtsbehörde reguliert wird (z. B. **BaFin** in Deutschland, **CySEC** in Zypern oder **FCA** in Großbritannien).
   - Ein regulierter Broker gewährleistet Sicherheit für Einlagen und transparente Handelsbedingungen.

2. **Hebelwirkung und Nachschusspflicht:**
   - In der EU ist die Nachschusspflicht für Privatkunden seit 2018 verboten. Dies bedeutet, dass Trader nicht mehr Geld verlieren können, als sie eingezahlt haben.
   - Die Hebelwirkung ist begrenzt (max. 1:30 für Hauptindizes wie den S&P 500).

3. **Meldepflichten:**
   - Ab einer bestimmten Trading-Aktivität oder bei Erreichen bestimmter Schwellenwerte (z. B. bei Transaktionen über ausländische Broker) können Meldepflichten gemäß dem Außensteuergesetz (AStG) oder der MiFID II-Richtlinie erforderlich sein.

4. **Anlage- und Risikohinweise:**
   - Broker sind gesetzlich verpflichtet, Kunden umfassend über die Risiken des CFD-Handels zu informieren. Vor dem ersten Trade müssen Kunden oft eine Risikowarnung oder einen Wissenstest durchlaufen.

6.3 Tipps für Trader

1. Steuerberater hinzuziehen:
Da steuerliche Regelungen komplex sind und sich häufig ändern, ist es ratsam, einen Steuerberater mit Kenntnissen im Wertpapier- und CFD-Handel zu konsultieren.

2. Regelmäßige Steuerprüfung:
Überprüfen Sie jährlich, ob alle steuerlichen Anforderungen erfüllt wurden, um Nachzahlungen oder Strafen zu vermeiden.

3. Rechtliche Updates verfolgen:
Halten Sie sich über Änderungen in der Gesetzgebung (z. B. durch die BaFin oder EU-Richtlinien) auf dem Laufenden, da diese Ihre Handelsstrategien beeinflussen können.

4. Testen Sie Ihr Wissen:
Nutzen Sie Lernmaterialien von Brokern oder Finanzbehörden, um sicherzustellen, dass Sie die rechtlichen und steuerlichen Rahmenbedingungen verstehen.

7. Abschluss und Zukunftsperspektiven

7.1 Zusammenfassung der Strategie

Die **Bulle-und-Bär-Strategie** bietet eine strukturierte und vielseitige Methode, um sowohl in steigenden als auch in fallenden Märkten von der Volatilität des S&P 500 zu profitieren.

- Die Nutzung der **Vier-Fenster-Struktur** hilft dabei, Märkte präzise zu analysieren, Risiken zu minimieren und Gewinne zu maximieren.
- **Disziplin und Regeln** wie das Bankrollmanagement, die Einhaltung von Stop-Loss-Vorgaben und das Verständnis für Buy-Stop- und Sell-Stop-Orders sind essenziell für den langfristigen Erfolg.

Die Strategie zeigt, dass nachhaltige Gewinne durch systematisches Handeln möglich sind, solange man sich an die festgelegten Grundsätze hält und Emotionen kontrolliert.

7.2 Bedeutung von Weiterbildung

Der Finanzmarkt entwickelt sich stetig weiter, ebenso wie die zugrundeliegenden Technologien und Analysemethoden. Daher ist kontinuierliche Weiterbildung entscheidend.

- Nutzen Sie Schulungen, Webinare und Marktanalysen, um Ihr Wissen zu erweitern.
- Bleiben Sie informiert über Änderungen in der Regulierung und den technischen Fortschritt, wie z. B. neue Indikatoren oder Handelsplattformen.

7.3 Potenziale des CFD-Handels und die Zukunft des S&P 500

1.Wachstum und Chancen:

- Der S&P 500 bleibt ein global bedeutender Index, der die größten Unternehmen der Welt umfasst. Sein Wachstum bietet langfristig Chancen für Trader und Investoren.
- Durch den Einsatz von CFDs können auch Kleinanleger von den Bewegungen des Index profitieren, ohne große Kapitalbeträge einsetzen zu müssen.

2.Herausforderungen:

- Die Märkte können durch externe Einflüsse wie geopolitische Ereignisse, wirtschaftliche Krisen oder technische Innovationen stark schwanken.
- Um erfolgreich zu sein, ist Flexibilität und die Bereitschaft, Strategien anzupassen, unerlässlich.

7.4 Abschließende Worte

Das Traden mit CFDs erfordert Geduld, Disziplin und eine fundierte Strategie. Mit der **Bulle-und-Bär-Strategie** erhalten Sie ein Werkzeug, das Ihnen hilft, die Märkte besser zu verstehen und profitabel zu handeln.

„Der Erfolg im Trading ist keine Frage des Glücks, sondern der Vorbereitung, Disziplin und Lernbereitschaft."

Ich lade Sie ein, das Gelernte anzuwenden und Ihre eigene Erfolgsgeschichte zu schreiben. Beginnen Sie klein, bleiben Sie engagiert und lassen Sie sich von Rückschlägen nicht entmutigen. Die Märkte bieten immer neue Chancen – es liegt an Ihnen, sie zu nutzen!

Anhang A: Glossar der wichtigsten Begriffe

1. CFD (Contract for Difference)

Ein **CFD** ist ein Finanzinstrument, das es ermöglicht, auf die Kursentwicklung eines Basiswertes (z. B. Aktien, Indizes, Rohstoffe) zu spekulieren, ohne den Basiswert tatsächlich zu besitzen.

- **Vorteil:** Zugang zu globalen Märkten mit geringem Kapitaleinsatz.
- **Nachteil:** Verluste können hoch sein, insbesondere bei Hebelnutzung.

2. Buy-Stop und Sell-Stop

- **Buy-Stop:** Ein Kaufauftrag, der oberhalb des aktuellen Marktpreises ausgeführt wird. Er wird verwendet, wenn man erwartet, dass der Kurs weiter steigt, sobald ein bestimmtes Niveau überschritten wird.
- **Sell-Stop:** Ein Verkaufsauftrag, der unterhalb des aktuellen Marktpreises ausgeführt wird. Er wird verwendet, wenn man davon ausgeht, dass der Kurs weiter fällt, sobald ein bestimmtes Niveau unterschritten wird.

3. Moving Average (Gleitender Durchschnitt)

Der **Moving Average** ist ein technischer Indikator, der den Durchschnittskurs eines Basiswertes über einen bestimmten Zeitraum berechnet.

- **Anwendung:** Identifikation von Trends und potenziellen Einstiegs- oder Ausstiegspunkten.

- **Typen:** Einfacher gleitender Durchschnitt (SMA), exponentieller gleitender Durchschnitt (EMA).

4. Fibonacci-Retracements

Eine Analysemethode, die auf den Fibonacci-Zahlen basiert. Sie wird verwendet, um potenzielle Unterstützungs- und Widerstandsniveaus zu identifizieren.

- Hauptniveaus: 23,6 %, 38,2 %, 50 %, 61,8 % und 100 %.
- Nutzen: Hilft, Korrekturbewegungen innerhalb eines Trends zu bestimmen.

5. Marge und Hebel

- **Marge:** Der Betrag, den ein Trader hinterlegen muss, um eine Position zu eröffnen. Sie wird vom Broker als Sicherheit einbehalten.
- **Hebel:** Ermöglicht es, größere Positionen mit einem kleineren Kapitaleinsatz zu handeln. Ein Hebel von 1:10 bedeutet, dass mit 1 € eine Position im Wert von 10 € gehandelt werden kann.
  - **Vorteil:** Höhere Gewinnmöglichkeiten.
  - **Nachteil:** Verluste werden ebenfalls gehebelt.

6. Trailing Stop
Ein **Trailing Stop** ist eine dynamische Stop-Loss-Order, die sich automatisch an Kursbewegungen anpasst.

- **Funktion:** Sichert Gewinne, indem die Stop-Loss-Grenze nachgezogen wird, wenn sich der Kurs in die gewünschte Richtung bewegt.

- **Beispiel:** Wenn der Kurs steigt, folgt der Trailing Stop in festgelegtem Abstand nach oben. Bei fallendem Kurs bleibt er unverändert.

Anhang B: Rechtliche Hinweise und Haftungsausschluss

1. **Risiko beim CFD-Handel:**
   Der Handel mit CFDs birgt erhebliche Risiken. Es besteht die Möglichkeit, dass Sie Ihr eingesetztes Kapital verlieren. Gewinne sind nicht garantiert, und vergangene Ergebnisse bieten keine Sicherheit für zukünftige Erfolge.

2. **Eigenverantwortung:**
   Die im Buch dargestellten Strategien und Informationen dienen Bildungszwecken. Jede Entscheidung zum Handel erfolgt eigenverantwortlich. Der Autor übernimmt keine Haftung für Verluste oder Schäden, die aus der Anwendung der beschriebenen Methoden entstehen.

3. **Steuerliche Pflichten:**
   Trader sind verpflichtet, ihre steuerlichen Pflichten selbst zu erfüllen. Dies umfasst die Versteuerung von Gewinnen und die korrekte Dokumentation von Verlusten gemäß den gesetzlichen Vorgaben.

4. **Eignung des Handels:**
   Der Handel mit CFDs ist nicht für jeden geeignet. Es wird empfohlen, sich vorab umfassend zu informieren und gegebenenfalls professionellen Rat einzuholen.

Anhang C: Quellen der Abbildungen

- **Abbildungen 1 bis 3:**
  Diese Abbildungen wurden mithilfe von ChatGPT
  erstellt, basierend auf den im Buch beschriebenen
  Inhalten und Konzepten. Sie dienen der
  Veranschaulichung der „Bulle-und-Bär-Strategie" und
  ihrer Anwendung.

- **Abbildungen 4 bis 20:**
  Diese Abbildungen sind Screenshots aus der
  Handelsplattform **MetaTrader 5**. Sie zeigen praktische
  Beispiele und Einstellungen, die direkt aus der Plattform
  übernommen wurden, um die Strategie im realen
  Kontext zu verdeutlichen.

Anhang D: Kontakt und Community

1. **Webseite:** www.bulle-und-baer-strategie.com

2. **Email:** info@bulle-und-baer-strategie.com

3. **Facebook:**
   - www.facebook.com/profile.php?id=6156284558 1753
   - #bulleundbärstrategie

4. **Instagram:**
   - https://www.instagram.com/bulleundbaerstrategie /
   - #bulleundbaerstrategie

5. **YouTube:**
   - https://www.youtube.com/channel/UCvsdKmGG XJsf1DU5sQlWxCg

6. **TikTok:**
   - https://www.tiktok.com/@bulleundbaerstrategie

7. **Telefon:** +4916095588279

Notizen: